शेयर मार्केट में
अब्दुल
जीरो से हीरो कैसे बना?

मेरी बात

शेयर बाजार में कारोबार करना बहुत बड़े जोखिम का काम है। कृपया अपने आप विश्लेषण करें कि आपका जोखिम प्रोफाइल क्या है। यह पुस्तक परिपूर्ण नहीं है।

यह स्टॉक खरीदने या बेचने के लिए एक सलाहकार पुस्तक नहीं है।

इस पुस्तक की सामग्री केवल शैक्षिक उद्देश्यों के लिए है। पुस्तक '**शेयर मार्केट में अब्दुल जीरो से हीरो कैसे बना ?**' में मौजूद किसी भी सामग्री के लिए कोई दायित्व स्वीकार नहीं किया गया है।

लेखक सेबी (SEBI) के एक पंजीकृत अनुसंधान विश्लेषक हैं।

उनकी टिप्पणियाँ केवल राय की अभिव्यक्ति हैं और किसी भी समय शेयर, विकल्प, भविष्य, बंधन, वस्तु, सूचकांक या किसी भी अन्य वित्तीय साधन को खरीदने या बेचने की सिफारिशों के रूप में नहीं ली जानी चाहिए। हालाँकि उनका मानना है कि उनके कथन सही हैं, फिर भी वे हमेशा उनके विश्वसनीय स्रोतों की विश्वसनीयता पर निर्भर करते हैं।

लेखक अनुशंसा करता है कि कोई भी निवेश संबंधी फैसला करने से पहले आप एक योग्य निवेश सलाहकार से परामर्श करें, जो आपके कानूनी अधिकार-क्षेत्र में उपयुक्त नियामक एजेंसियों द्वारा लाइसेंस प्राप्त हो, और यह भी कि महत्त्वपूर्ण निवेश प्रतिबद्धताओं में प्रवेश करने से पहले आप अपने खुद के स्तर पर तथ्यों की पुष्टि कर लें।

★

इस पुस्तक में उल्लिखित सभी पात्र अब्दुल, चंदू, चिंकी, योगेंद्र, गिरीश, घीसू भाई, राव साहब आदि काल्पनिक हैं तथा आपको शेयर बाजार का ज्ञान सरल तरीके से देने के लिए रचे गए हैं। वास्तविक घटनाओं से इनका कोई संबंध नहीं है। वास्तविक जीवन से इनका कोई भी मिलान एक संयोग मात्र समझा जाए।

शेयर मार्केट में अब्दुल जीरो से हीरो कैसे बना?

महेश चंद्र कौशिक

प्रभात प्रकाशन

प्रकाशक
प्रभात प्रकाशन प्रा. लि.
4/19 आसफ अली रोड, नई दिल्ली–110002
फोन : 011–23289777 • हेल्पलाइन नं. : 7827007777
इ–मेल : prabhatbooks@gmail.com ❖ वेब ठिकाना : www.prabhatbooks.com

संस्करण
2024

पेपरबैक मूल्य
तीन सौ रुपए

मुद्रक
नरुला प्रिंटर्स, दिल्ली

———— ★ ————

SHARE MARKET MEIN ABDUL ZERO SE HERO KAISE BANA?
by Shri Mahesh Chandra Kaushik

Published by **PRABHAT PRAKASHAN PVT. LTD.**
4/19 Asaf Ali Road, New Delhi-110002

ISBN 978-93-5266-834-2

₹ 300.00 (PB)

प्रस्तावना

साथियो, नमस्कार! आपके हाथों में मेरी लिखी हुई जो पुस्तक है, उसमें मैंने हिंदी में आपको एक कहानी के माध्यम से शेयर बाजार को क ख ग से शुरू करके ऑप्शन ट्रेडिंग तक हर ऐंगल से समझाने का प्रयास किया है।

इस पुस्तक में मेरे बारह वर्ष के शेयर बाज़ार के अनुभव का निचोड़ है। यदि आप इसको मन लगाकर एक-एक पृष्ठ ध्यान से पढ़ेंगे तो आप कितने भी अनाड़ी हों, शेयर बाजार आपको बच्चों के खेल जैसा लगने लगेगा।

मैं पुस्तक की प्रस्तावना को ज्यादा लंबा नहीं खींचूँगा, क्योंकि मैं स्वयं जब पुस्तकें पढ़ता हूँ तो लंबी प्रस्तावनाओं से मुझे खीझ होने लगती है; इसलिए मैं प्रस्तावना में ज्यादा नहीं लिखकर सीधे कहानी शुरू करूँगा। परंतु मेरा एक आग्रह आपसे रहेगा। वह आग्रह यह है कि यह पूरी कहानी आपस में जुड़ी हुई है, इसलिए इसको पहले पृष्ठ से लेकर आखिरी पृष्ठ तक पूरा पढ़ना होगा, बीच में जल्दबाजी करने से या सीधे आगे के अध्यायों पर जाकर पढ़ने से हो सकता है, आप उस ज्ञान के लाभ को उठाने से वंचित रह जाएँ, जो मैं आपको इस पुस्तक में देना चाहता हूँ।

इस पुस्तक के लेखन के लिए सबसे पहले मैं परमात्मा का आभारी हूँ, जिन्होंने मुझे माध्यम बनाकर यह पुस्तक लिखवाई, वरना मैं कोई बहुत बड़ा लेखक नहीं हूँ। मैं सिर्फ माध्यम बना हूँ। इस पुस्तक से आपको कोई भी लाभ हो तो आप मुझे धन्यवाद न देकर उस मालिक, परमेश्वर, सर्वोच्च सत्ता को ही धन्यवाद दें।

मैं अपने ब्लॉग फॉलोवर, यू-ट्यूब फॉलोवर व एप यूजर का भी आभारी

हूँ; क्योंकि उनके लगातार प्रोत्साहन व कमेंट्स से ही मैंने एन.आई.एस.एम. की परीक्षा उत्तीर्ण करके सेबी (SEBI) से पंजीकृत अनुसंधान विश्लेषक बनने का निर्णय लिया तथा प्रशंसकों के प्रेम की ऊर्जा से इस पुस्तक को लिखने का निर्णय लिया।

मैं अपने सद्गुरुदेव श्री श्री 1008 सत्यनारायणजी (फलाहारी बाबा), इस पुस्तक को टाइप करनेवाले श्री हरीश प्रजापत और गलतियाँ निवारण के लिए श्री अशोकजी गहलोत, मास्टर साहब, झाड़ोली का भी बहुत आभारी हूँ।

अब आप पुस्तक को पढ़ना प्रारंभ करें।

सादर।

—महेश चंद्र कौशिक
रिसर्च एनालिस्ट
जे.जे. कॉलोनी, पिंडवाड़ा,
जिला सिरोही, राजस्थान
इ-मेल : mahesh2073@yahoo.com

अनुक्रम

अब्दुल के आर्थिक हालात

9 नवंबर, 2016 की सुबह चंदू ने चाय पीते हुए अपनी स्थानीय टैक्सी यूनियन के अध्यक्ष को फोन लगाया, "सर, मुझे एक ड्राइवर की आवश्यकता है, जो आठ दिन तक मेरे एवं मेरे परिवार के साथ लंबी दूरी की यात्रा पर रह सके तथा मेरी सेंट्रो कार चला सके।"

सामने से टैक्सी यूनियन के अध्यक्ष मोहन भाई ने आश्चर्य व्यक्त करते हुए पूछा, "चंदूजी, आपने सेंट्रो कार कब ली ? आपको तो जब भी आवश्यकता होती है, मेरी टैक्सी किराए पर लेकर यात्रा करते हैं।"

चंदू हँसते हुए बोला, "दरअसल पिछले दिनों मैंने शेयर बाजार से 1,37,500 रुपए का प्रॉफिट बुक किया था। इतने पैसों में नई गाड़ी तो मिलती नहीं है। मैंने एक पुरानी 2005 मॉडल की सेंट्रो कार ले ली है तथा स्वयं भी कार चलानी सीखी है; परंतु मैं लंबी दूरी की यात्रा के लिए कुशल ड्राइवर नहीं हूँ। इसलिए मुझे मेरी भानजी की शादी में जाने के लिए एक कुशल चालक की आवश्यकता है।"

"ठीक है, आपके साथ अब्दुल चला जाएगा, जिसके पास स्वयं की टैक्सी नहीं है तथा अभी-अभी हुई नोटबंदी के बाद वह बहुत परेशान है कि उसका गुजारा कैसे चलेगा; क्योंकि अभी-अभी उसने अपना एंड्रॉइड मोबाइल 4,000 (चार हजार) रुपए में विक्रय किया था तथा उसके पास ये 4,000 रुपए भी पुराने नोटों में हैं, जो सरकार ने बंद कर दिए हैं। इसलिए मेरा आपसे निवेदन है कि अब्दुल को आप 500 रुपए प्रतिदिन की मजदूरी पर कार चलाने ले जाएँ, पर उसे 2,000 रुपए अग्रिम भुगतान भी देने का कष्ट करें, ताकि जब

वह आठ दिन आपके पास रहे, तब तक उसके परिवार का काम चल सके।" मोहन भाई ने कहा।

चंदू ने मोहन भाई के प्रस्ताव को सहर्ष स्वीकार करते हुए अब्दुल को अपनी आठ दिन की यात्रा में अपनी कार का ड्राइवर नियुक्त कर दिया तथा कुल मजदूरी 500 रुपए प्रतिदिन के हिसाब से 4,000 रुपए में से आधी मजदूरी 2,000 रुपए उसको अग्रिम भी दे दी।

मेरे पाठक सोच रहे होंगे, जब नवंबर 2016 में देश 500 व 1000 रुपए के पुराने नोट बंद करने की नोटबंदी से जूझ रहा था, तब चंदू के पास नए नोट कहाँ से आए ?

दरअसल चंदू को अपनी भानजी की शादी में जाना था, इसलिए उसने नोटबंदी के बाद काफी सोच-विचार करके एक रास्ता निकाला तथा एक स्थानीय मंदिर के प्रबंधक से संपर्क किया। उस मंदिर में काफी चढ़ावा दस व बीस के नोटों के रूप में आता था, इसलिए चंदू को मंदिर प्रबंधक से दस, बीस, पचास के छोटे नोटों के रूप में तीस हजार रुपए उधार मिल गए थे।

इधर अब्दुल काफी विकट परिस्थिति से जूझ रहा था। बचपन में पिता का साया सिर पर से उठ जाने के बाद अब्दुल बमुश्किल बारहवीं कक्षा उत्तीर्ण कर सका था। उसके बाद उसके चाचा, जो टैक्सी चलाते थे, उन्होंने उसको भी टैक्सी चलाना सीखा दिया।

कुछ दिनों तक चाचा रहमान मियाँ की टैक्सी चलाने के कार्य से अब्दुल को प्रतिमाह चार-पाँच हजार रुपए की आमदनी हो रही थी; परंतु कुदरत को कुछ और ही मंजूर था। एक दिन जब रहमान मियाँ अपनी टैक्सी में सिरोही से पिंडवाड़ा आ रहे थे, तब उनका ट्रक से एक्सीडेंट हो गया, जिसमें रहमान मियाँ के गुजर जाने के साथ-साथ उनकी टैक्सी भी कबाड़ में तब्दील हो गई।

अब अब्दुल के पास कोई काम नहीं था। वह टैक्सी स्टैंड पर बैठा रहता। जब कोई अन्य ड्राइवर बीमार हो जाता तो वह अपनी टैक्सी अब्दुल को 300 रुपए प्रतिदिन पर या छोटी दूरी होती तो जो भी डीजल खर्च काटने पर बचता, उसके 40 प्रतिशत में चलाने को दे देता।

यह काम अब्दुल को सिर्फ हफ्ते में दो-तीन दिन ही मिल पाता था, इसलिए वह बमुश्किल 3 से 4,000 रुपए प्रति महीना कमा पाता था। इस प्रकार उसने दस माह की बचत से प्रतिमाह 660 रुपए बचाकर जो जिओनी कंपनी का एंड्रॉइड फोन 6,600 रुपए में लिया था, वह 4,000 रुपयों में एक साथी ड्राइवर को बेच दिया। परंतु शायद खुदा को यह भी मंजूर नहीं था, इसलिए अब्दुल को इस विक्रय से मिले 500 व 1,000 के नोट बंद हो जाने से वह गंभीर आर्थिक संकट से जूझ रहा था; क्योंकि बैंकों के बाहर लंबी कतारें थीं। अब्दुल की बीमार अम्मी दिन भर कतारों में लग नहीं सकती थीं तथा अब्दुल कतार में खड़ा होता तो टैक्सी स्टैंड पर दूसरों की टैक्सी चलाने में जो थोड़ी-बहुत आमदनी हो रही थी, उससे भी वंचित रहना पड़ता।

इसलिए चंदू का आठ दिनों के लिए 500 रुपए प्रतिदिन पर कार चलाने का ऑफर अब्दुल को खुदा का वरदान लगा तथा उसने इस ऑफर को सहर्ष स्वीकार कर लिया।

इस अध्याय से हमने क्या सीखा ?

इस अध्याय से मैं आपको यह सिखाने का प्रयास कर रहा हूँ कि शेयर बाजार में निवेश करने के लिए आपको बहुत ज्यादा उच्च शिक्षित होने की आवश्यकता नहीं है तथा न ही आपको निवेश की शुरुआत के लिए लाख-दो लाख रुपयों की आवश्यकता है।

इस कहानी में अब्दुल बारहवीं पास है तो भी आप आगे की कहानी में पढ़ेंगे कि शेयर मार्केट में अब्दुल जीरो से हीरो कैसे बना ?

दूसरी तरफ, अब्दुल की माली हालत पढ़ने से आप यह सीख सकते हैं कि यदि आप उससे भी खराब माली हालत से गुजर रहे हैं तो ही आप शेयर बाजार में निवेश करना शुरू नहीं कर सकते। यदि खुदा के करम से आपके हालात अब्दुल से बेहतर हैं तथा यह पुस्तक आपके हाथ में है तो आप आज से दौलतमंद बनने के रास्ते पर निकल पड़े हैं। इसके लिए मैं आपको अग्रिम बधाई देता हूँ।

तो शेयर बाजार में सफल होने के लिए बुनियादी आवश्यकताएँ क्या हैं ?

- बारहवीं तक शिक्षा (यद्यपि इससे कम शिक्षा भी चलती है, परंतु मेरे अनुसार बारहवीं तक शिक्षा फाइनेंशियल मार्केट में कदम रखने के लिए जरूरी है)।
- 18 वर्ष की आयु।
- 3,000 से 4,000 रुपए प्रतिमाह की नियमित मासिक आमदनी।

(यहाँ इसका अर्थ यह नहीं है कि आपको 3,000 से 4,000 रुपए मासिक शेयर बाजार' में निवेश करने हैं, मेरी विधि में आपको अपनी कुल मासिक आय का सिर्फ 10 प्रतिशत शेयर बाजार में निवेश करना होता है। अतः यदि आपकी 3,000 से 4,000 रुपए मासिक आय है तो प्रतिमाह सिर्फ 300 से 400 रुपए ही निवेश करना है। बाकी आपको इस पुस्तक में आगामी अध्यायों में सबकुछ समझ में आ जाएगा।)

□

शेयर बाजार के लिए पहला कदम

"सर, आपने यह गाड़ी कितने में ली?" अब्दुल ने कार चलाते हुए चंदू से पूछा।

" 1,37,500 रुपए में।" चंदू ने जवाब दिया।

"फाइनेंस करवाया होगा?" अब्दुल ने अगला प्रश्न किया।

"नहीं, मैंने शेयर बाजार से एक ही दिन में 1,37,500 रुपए कमाए और यह पुरानी सेंट्रो कार ले ली, ताकि सीख भी सकूँ और अपने परिवार के साथ यात्रा भी कर सकूँ।"

"ओह, शेयर बाजार तो बहुत खतरनाक होता है! तब तो आपको कभी घाटा होगा तो आपको यह गाड़ी बेचनी भी पड़ सकती है।"

"मैं जिस विधि से शेयर बाजार में निवेश करता हूँ, उसमें कभी भी घाटा नहीं होता, अब्दुल। तुम चाहो तो उस विधि से तुम भी निवेश कर सकते हो।"

"नहीं सर, मेरे तो खाने के भी लाले पड़ रहे हैं। पर टैक्सी स्टैंड पर एक किराना की दुकान का व्यापारी योगेंद्र मेरा मित्र है। वह काफी दिनों से शेयर बाजार में निवेश करने का इच्छुक है। अपनी यात्रा के बाद मैं एक दिन योगेंद्र को लेकर आपके पास आऊँगा। आप थोड़ा गाइड करने की कृपा करेंगे तो मेरे मित्र को किराना की दुकान से छुटकारा मिलेगा, क्योंकि वह किराना के धंधे से ऊब गया है तथा कोई बड़ा व्यापार करना चाहता है, जिससे उसको फायदा मिल सके।"

"ठीक है।" चंदू ने उत्तर दिया।

यात्रा की समाप्ति पर एक दिन अब्दुल योगेंद्र को लेकर चंदू के घर आया।

चंदू ने शेयर बाजार का काम शुरू करने के लिए बुनियादी आवश्यकताएँ बताते हुए कहा कि "योगेंद्र, सबसे पहले आपको डी-मैट खाता खुलवाना होगा।"

"यह डी-मैट खाता क्या होता है, सर ? यह कहाँ खुलता है ?" योगेंद्र ने पूछा।

"डी-मैट खाता आपके बैंक के बचत खाता की तरह है। जैसे आप बचत खाते में पैसे जमा करते हैं, वैसे डी-मैट खाते में आपके शेयर व म्यूचुअल फंड्स की यूनिट्स इलेक्ट्रोनिकली जमा रहती हैं। वैसे तो डी-मैट खाता एन.एस. डी.एल. या सी.डी.एस.एल. में खुलता है, परंतु आपको खाते में शेयर जमा करवाने और निकालने के लिए एक ब्रोकर की आवश्यकता होती है। इसलिए यह खाता आप आई.सी.आई.सी.आई. बैंक की ऑनलाइन ट्रेडिंग ब्रांच आई.सी. आई.सी.आई. डायरेक्ट के माध्यम से खुलवा सकते हैं।"

"पर सर, मैंने सुना है, आई.सी.आई.सी.आई. डायरेक्ट का तो ब्रोकरेज चार्ज बहुत ज्यादा है। मैं रात-दिन इंटरनेट पर कुछ कम चार्ज ब्रोकरों का विज्ञापन देखता हूँ, वहाँ क्यों नहीं खुलवाऊँ ?"

"यदि आपको कोई लिंक देकर यह कहता है कि इस लिंक पर जाकर डी-मैट खाता खुलवाओ, यह ब्रोकर बहुत सस्ता है, तो आप पहले तो ध्यान दें, वह लिंक उसका एफिलिएट लिंक है, अर्थात् उस कंपनी में खाता खुलवाने पर उस व्यक्ति को कमीशन मिलेगा, जिसने आपको लिंक भेजा है। इसलिए वह आपको उत्साहित कर रहा है।

"दूसरा बिंदु यह भी याद रखें कि यदि कंपनी की कोई ब्रांच आपके निकटतम नहीं है तो कभी आप खाता बंद करवाना चाहेंगे, तब आपको ब्रांच में जाने की जरूरत होगी। तब क्या होगा ? क्या आप सुविधा से ब्रांच में जा पाएँगे या आपको खाता बंद करवाने किसी मेट्रो शहर में जाना पड़ेगा।

"देखो योगेंद्र, आई.सी.आई.सी.आई. डायरेक्ट ज्यादा ब्रोकरेज लेता है, क्योंकि वे आपको एडवांस्ड ऑनलाइन ट्रेडिंग की सुविधा देते हैं। उनकी वेबसाइट इस क्षेत्र में सबसे पुरानी व सबसे ज्यादा फीचर वाली है, ऐसा मुझे महसूस होता है। साथ ही आई.सी.आई.सी.आई. एक बैंक भी है। इसलिए

जब आप शेयर या म्यूचुअल फंड्स लेंगे तो आपके बैंक खाते से अपने आप पैसे कट जाएँगे तथा बेचेंगे तो प्राप्त राशि आपके खाते में जमा हो जाएगी, जो पेपरलेस वर्क है। परंतु यही काम आप अन्य ब्रोकर से करते हैं तो आपको चेक द्वारा ये लेन-देन करने पड़ सकते हैं, जो काफी परेशानी भरा हो सकता है।"

"ठीक है।" योगेंद्र ने कहा।

कुछ समय के सन्नाटे के बाद योगेंद्र बोला, "एक्चुअली सर, मैं यह कहना चाहता हूँ कि मैं एक खुदरा किराना व्यापारी हूँ। मेरी दुकान पर पूरे दिन ग्राहकों की लाइन रहती है। किराना सामान निकालना, तौलना, ग्राहकों से पैसे लेना, उनसे मोल-भाव की झिकझिक में मेरा पूरा दिन निकल जाता है। इसलिए मैं यह चाहता था कि मैं अपना खाता खुलवाकर उसका आई.डी. व पासवर्ड आपको या महेश सर (मैं महेश चंद्र कौशिक इस पुस्तक का लेखक हूँ, आपने मेरे ब्लॉग या पुस्तकें पढ़ी हैं तो आप समझ रहे होंगे कि चंदू मुझसे प्रेरणा लेकर स्टॉक मार्केट में आया था) को दे देता हूँ। आप लोग मेरे लिए ट्रेड करते रहना। इसके लिए मैं फीस भी देने को तैयार हूँ।"

यह सुनकर चंदू खूब हँसा। फिर बोला, "बिल्कुल यही बात मैंने अपने गुरु महेश कौशिक को पाँच वर्ष पहले कही थी। तब उन्होंने बताया था कि चंदू, पहली बात तो यह कि आप जितने व्यस्त हैं, उतना ही व्यस्त आजकल हर व्यक्ति होता है। मैं स्वयं अपना व अपनी पत्नी के खाते का विवरण भी अच्छी तरह मैंटेन नहीं कर सकता, तब मैं आपकी सहायता कैसे कर सकता हूँ ? दूसरी बात यह कि हर व्यक्ति महेश कौशिक नहीं होता। यदि आप इस तरह फीस ऑफर करेंगे और आपको कोई लालची व बेईमान व्यक्ति मिल गया तो वह आपसे फीस भी ले लेगा और आपके खाते में अंधाधुंध ट्रेड करके आपको नुकसान में भी ला देगा।

स्थायी धन कमाने के लिए स्वयं मेहनत करना आवश्यक है, क्योंकि धन व मेहनत समानुपाती हैं। यदि आप बगैर मेहनत किए धन कमाते हैं तो ऐसा धन स्थायी नहीं होता। चाणक्य ने कहा है, "बगैर मेहनत से कमाया धन बारह वर्ष में मूल व ब्याज सहित समाप्त हो जाता है। ऐसी ईश्वरीय व्यवस्था है।"

अब्दुल, जो अभी तक चुपचाप सुन रहा था, बोला, "हाँ सर, मेरे चाचा कहते थे, मेहनत के बगैर धंधे में बरकत नहीं होती।"

"तुमने ठीक कहा, अब्दुल। मैंने सुना है, तुम लोग मेहनत की कमाई को हक व हलाल की कमाई कहते हो तथा इसी से बरकत होती है, ऐसा मानते हो।" चंदू बोला।

"हाँ, सर।" अब्दुल बोला, "अभी तक मैं यह भी सोचता था कि शेयर बाजार में निवेश करना ब्याज कमाने की तरह बगैर मेहनत का कार्य है। आपकी बातों से मुझे बहुत आश्चर्य हो रहा है कि शेयर बाजार में भी मेहनत की आवश्यकता है। यदि ऐसा है, तब तो मैं भी जब कभी भविष्य में धनवान् हो जाऊँगा तो शेयर बाजार में निवेश करना चालू कर दूँगा।" अब्दुल ने अपनी बात आगे बढ़ाई।

"पर अब्दुल, मैंने तुमसे पहले ही कहा था कि शेयर बाजार में निवेश करने के लिए धनवान् होने की आवश्यकता नहीं है। तुम यदि निम्न शर्तें पूरी करते हो तो तुम भी शेयर बाजार में निवेश करके अपने आपको शेयर होल्डर व उद्योगपति मानकर गौरवान्वित महसूस कर सकते हो। मैं ये शर्तें फिर से दोहरा देता हूँ—

- बारहवीं तक शिक्षा (यद्यपि इससे कम शिक्षा भी चलती है, परंतु मेरे अनुसार बारहवीं तक शिक्षा फाइनेंशियल मार्केट में कदम रखने के लिए जरूरी है।)
- 18 वर्ष की आयु।
- 3,000 से 4,000 रुपए प्रतिमाह की नियमित मासिक आमदनी, जिसका 10 प्रतिशत आपको प्रतिमाह बचाकर शेयर बाजार में निवेश करना पड़ेगा।

अब्दुल ने कहा, "यह कैसे संभव है, सर ? यदि मेरे पास शेयरों में लगाने के लिए पूँजी ही नहीं है तो मैं कैसे शेयर खरीदूँगा ?"

चंदू बोला, "इसके लिए तुम्हें 'बेबीलोन का सबसे अमीर आदमी' पुस्तक का अध्ययन करना होगा। सौभाग्य से, यह पुस्तक मुझे मेरे गुरु महेश कौशिक

सर ने भेंट की थी। वह प्रति मैं तुम्हें दे देता हूँ। तुम उसका पूरा अध्ययन अवश्य करो। यह पुस्तक तुम्हें शेयर बाजार के लिए पैसों की व्यवस्था कहाँ से करनी है, सबकुछ बता देगी।"

योगेंद्र बोला, "सर, मुझे भी यह पुस्तक पढ़नी है।"

चंदू ने कहा, "आप यह पुस्तक अमेजन से ऑनलाइन मँगवाकर पढ़ सकते हैं। इसका लिंक भी महेश सर की शेयरजिनियस एप और उनकी वेबसाइट पर दिया गया है। आप उस लिंक से मँगवा सकते हैं।"

इस पुस्तक के प्रथम संस्करण के रिव्यू में कुछ पाठकों ने शिकायत की थी कि इस पुस्तक में मैं अपनी पुस्तकों व एप का विज्ञापन कर रहा हूँ।

कृपया अपने दिल और दिमाग को खुला रखकर पुस्तक से पूरा लाभ उठाएँ। मेरा उद्देश्य कहीं भी विज्ञापन करना नहीं है। आप पूरी पुस्तक पढ़ेंगे तो समझ जाएँगे कि मैंने ऊपर बताई गई पुस्तक सहित मेरी सभी पुस्तकों का सार इस पुस्तक में दे दिया है। आप चाहें तो एक भी पुस्तक लिये बगैर और मेरे ब्लॉग पर जाए बगैर केवल इसी पुस्तक से लाभ उठा सकते हैं।

पुस्तकों की जानकारी तो उन पाठकों के लिए है, जो इस क्षेत्र में और ज्यादा जानकारी लेना चाहते हैं; पर मेरा निवेदन है कि कृपया इसे विज्ञापन न मानें।

इस अध्याय से हमने क्या सीखा ?

शेयर बाजार में पहला कदम रखने के लिए—

सबसे पहले आपको पैन कार्ड व आधार कार्ड बनवाने पड़ेंगे, क्योंकि इनके बगैर आपका डी-मैट खाता नहीं खुल सकता।

अब आप किसी बैंक, जैसे ICICI या SBI बैंक में डी-मैट खाता खुलवाने के लिए संपर्क कर सकते हैं। मैं ICICI DIRECT को प्राथमिकता देता हूँ। आप अन्य किसी बैंक में डी-मैट खाता भी खुलवा सकते हैं। आप चाहें तो अपने नजदीक कहीं भी डी-मैट खाता खुलवा सकते हैं। डी-मैट खाता NSDL या CDSL में खुलता है। बैंक या ब्रोकर तो आपको ट्रेडिंग प्लेटफॉर्म मुहैया करवाते हैं।

अपने ब्राउजर में www.icicidirect.com खोलकर आप सीधे ऑनलाइन डी-मैट खाते के लिए आवेदन कर सकते हैं। इसके बाद बैंक से आपको फोन आ जाएगा और बैंक का प्रतिनिधि आपसे मिलकर फॉर्म भरवा लेगा।

यदि आपका पहले से ICICI बैंक या उस बैंक में, जिसमें आप डी-मैट खाता खुलवाना चाहते हैं, बचत खाता नहीं है तो बैंक आपका थ्री इन वन (1-3) खाता खोलेंगे। अर्थात् आपके तीन खाते खुलेंगे—एक डी-मैट खाता, जिसमें शेयरों को जमा किया जाएगा एवं निकाला जाएगा; दूसरा बचत खाता, जिसमें से राशि निकाली जाएगी एवं जमा होगी; तीसरा आपका ICICI DIRECT पर ट्रेडिंग खाता खुलेगा, जिसके माध्यम से आप ऑनलाइन ऑर्डर कर सकेंगे।

अपने डी-मैट खाते का आई.डी. व पासवर्ड किसी को नहीं बताएँ।

आपको शेयरों से पैसा कमाने के लिए प्रतिदिन एक-दो घंटे की मेहनत करना आवश्यक है। इन एक से दो घंटे में आप शेयरों की रिसर्च इस पुस्तक में आगे बताए अनुसार करेंगे। अपने पोर्टफोलियो में उपलब्ध शेयरों की वर्तमान स्थिति की जानकारी लेंगे। कौन से शेयर खरीदने हैं, कौन से बेचने हैं, इसका निर्णय लेंगे। अपनी बैलेंस शीट बनाएँगे। अपना ज्ञान बढ़ाने के लिए अच्छी पुस्तकें पढ़ेंगे। आपको अंग्रेजी कम आती है तो रोज थोड़ी-थोड़ी अंग्रेजी भी सीखेंगे। (क्यों, यह मैं आगे बता दूँगा।)

यदि आप एक-दो घंटे रोज समय नहीं निकाल सकते (हाँ, सोशल मीडिया पर घंटों बरबाद कर सकते हैं) तो शेयर बाजार से पैसा कमाना आपका काम नहीं है। मैं सलाह दूँगा, इस पुस्तक को यहीं बंद करके अपने सोशल मीडिया पर ध्यान दीजिए, आपके मित्रों को आपकी आवश्यकता है।

यहाँ पाठक याद रखें कि मैं आई.सी.आई.सी.आई. बैंक का एजेंट नहीं हूँ। आप चाहे जिस बैंक या फर्म में डी-मैट खाता खोल सकते हैं। मैंने आई.सी.आई.सी.आई. का नाम इसलिए लिया है, क्योंकि मैं स्वयं वर्ष 2005 से और मेरी पत्नी 2012 से आई.सी.आई.सी.आई. में ट्रेडिंग, डी-मैट व बचत खातों का उपयोग कर रहे हैं तथा हम इनकी सेवाओं से पूर्णतः संतुष्ट हैं। इसलिए

स्वाभाविक है कि मुझसे पूछे जाने पर मैं इनकी सलाह दूँगा; परंतु इसका अर्थ यह नहीं है कि मैं बाकी बैंकों या संस्थाओं से खाता खुलवाने का विरोधी हूँ। आप चाहे तो अन्य बैंक या फर्म में भी अपनी इच्छानुसार खाता खुलवा सकते हैं।

आपको अपने धन का प्रबंधन सीखने के लिए 'बेबीलोन का सबसे अमीर आदमी' पुस्तक पढ़नी चाहिए। मूल रूप से हजारों वर्ष पुराना धन संबंधी जो ज्ञान इस पुस्तक में दिया गया है, वह आज भी प्रासंगिक है। यहाँ आपके लिए यह जानना रुचिकर व शिक्षाप्रद रहेगा कि चार वर्ष पूर्व मेरे यहाँ कंप्यूटर ऑपरेटर श्री सुरेंद्र सिंह राजपूत ने भी मुझसे शेयर मार्केट के निवेश को सीखने की इच्छा जाहिर की थी। उन्हें मैंने सलाह दी कि सबसे पहले तुम अमेजन पर जाकर 'बेबीलोन का सबसे अमीर आदमी' पुस्तक मँगवाकर पढ़ना और उनकी शिक्षाओं को आत्मसात् करना शुरू कर दो। परंतु मेरे उक्त कंप्यूटर ऑपरेटर ने 160 रुपए खर्च करने की हिम्मत नहीं दिखाई, हालाँकि उसी ने अमेजन से 4,000 रुपए का स्पाइस कंपनी का एक मोबाइल अवश्य ऑर्डर कर दिया, पर पुस्तक के 160 रुपए खर्च करने की हिम्मत वह आज तक नहीं जुटा सका। स्वाभाविक है कि इन चार वर्षों में दुनिया काफी आगे आ गई; पर उस कंप्यूटर ऑपरेटर के बैंक बैलेंस में आज भी 4,526 रुपए हैं, जो शायद मेरी सलाह मानकर पुस्तक पढ़कर उस पर अमल कर लेता तो 45,260 या उससे भी ज्यादा होते। यहाँ कृपया ध्यान दें। खाली पुस्तक पढ़ना पर्याप्त नहीं है। आप चाहे यह पुस्तक पढ़ें या कोई और, पुस्तकों में सिर्फ ज्ञान है, जैसे थाली में खाना है, परंतु उसको खाने से पेट भरेगा। उसी प्रकार पुस्तक के ज्ञान को भी पचाने से लाभ मिलेगा, अन्यथा आप भी मेरी पुस्तकों पर नेगेटिव रिव्यू देनेवाले जो 1 प्रतिशत महान् पाठक हैं, उनमें शामिल हो जाएँगे।

□

अब्दुल की पहली बचत

योगेंद्र ने भी चंदू द्वारा बताई गई पुस्तक को मँगवाने में 160 रुपए का खर्चा करना व्यर्थ समझा। उसने अब्दुल से ही वह पुस्तक दो-तीन दिन के लिए पढ़ने के लिए माँग ली कि पहले मैं पढ़ लेता हूँ, फिर आपको दे दूँगा। उसने किराना दुकान पर ग्राहकों को सामान देते-देते चंदू द्वारा दी गई पुस्तक सरसरी निगाह से दो-तीन दिन में पढ़कर अब्दुल को वापस दे दी।

योगेंद्र ने डी-मैट खाता खुलवाने के लिए आई.सी.आई.सी.आई. में फोन तो पुस्तक पढ़ने से पहले ही कर दिया था, जिससे दो-तीन दिनों में ही बैंक का अभिकर्ता आ गया तथा फॉर्म वगैरह भरवाने के बाद अभिकर्ता ने उसका खाता खोलने के लिए उसको 20,000 रुपए का चेक देने को कहा।

योगेंद्र ने तुरंत चंदू को फोन लगाया। चंदू उस समय माउंट आबू में एक बैठक में था, इसलिए उसने योगेंद्र का फोन काट दिया; परंतु जब बार-बार घंटियाँ बजने लगीं तो उसने मीटिंग से बाहर आकर योगेंद्र का फोन सुना। योगेंद्र बोला, "सॉरी सर, आपको डिस्टर्ब किया; पर वह आई.सी.आई.सी.आई. का अभिकर्ता आया है तथा 20,000 का चेक माँग रहा है। आपने तो मुझसे कहा था कि शेयर बाजार में काम शुरू करने के लिए पैसे की आवश्यकता ही नहीं होती, फिर यह अभिकर्ता 20,000 का चेक क्यों माँग रहा है ?"

चंदू बोला, "योगेंद्रजी, मैंने आपको पहले सिर्फ पुस्तक पढ़ने को कहा था। आपने अभिकर्ता को कब बुला लिया ? दूसरा, अभिकर्ता 20,000 का जो चेक माँग रहा है, वह आपके नए खुलनेवाले बचत खाते में ही जमा करेगा, जिसमें आजकल प्राइवेट बैंकों के नियम हैं कि वे खाते में 10,000 रुपए तो

न्यूनतम बैलेंस ही रखवाते हैं। शेष 10,000 रुपए से आप शेयर खरीद सकोगे।"

"पर सर, आपने मुझसे झूठ क्यों बोला ?"

"नहीं भाई, मैंने आपसे झूठ नहीं बोला। मैंने आपको जो पुस्तक दी थी, उसको आप पढ़ते तो मैं वहाँ से आपको शून्य राशि से शुरू करवाता; पर आपने तो जल्दबाजी करके पहले ही खाता खुलवा लिया।"

"पर सर, पुस्तक 'बेबीलोन का सबसे अमीर आदमी' में तो शेयर बाजार का कहीं नाम भी नहीं है।"

"मेरे भाई, आपने उस पुस्तक से क्या सीखा ?"

"ज्यादा कुछ नहीं सर, पुस्तक से यही सीखा कि मुझे मेरी आय का 10 प्रतिशत हिस्सा प्रतिमाह अपने लिए बचाना चाहिए तथा शेष 90 प्रतिशत हिस्से से काम चलाना चाहिए। परंतु मेरे तो खर्चे ही इतने ज्यादा हैं कि आय का 10 प्रतिशत हिस्सा बचत करना बड़ा भारी पड़ेगा मेरे लिए।"

"आश्चर्य है योगेंद्र, 100 पृष्ठ से ऊपर की पुस्तक में तुम्हें सिर्फ चार लाइनों की शिक्षा ही याद रही, बाकी तुमने कुछ भी नहीं सीखा! खैर, अब मेरी मीटिंग में देर हो रही है। तुम यह बताओ कि तुम्हारे पास 20,000 रुपए हैं या नहीं ?"

"रुपए तो हैं, सर।"

"तो ठीक है, अभिकर्ता को चेक देकर खाता खुलवा लो।" कहकर चंदू ने फोन काट दिया।

उसके बाद योगेंद्र ने एक-दो काल और किए, जिन्हें चंदू ने रिसीव नहीं करके फोन को साइलेंट मोड पर करके मीटिंग अटेंड की।

दूसरी तरफ अब्दुल ने जैसे ही पुस्तक के पाँच पृष्ठ पढ़े, उसकी आँखों से आँसू बहने लगे। उसको समझ में आ गया कि 'हिम्मत ए मर्दा ते मदद ए खुदा' (जो व्यक्ति स्वयं हिम्मत करता है, खुदा उसी की मदद करता है)। उसे समझ में आ गया कि इतने दिनों तक धनवान् होने के मूलभूत नियमों को नहीं जानने से ही वह गरीब था। अब उसे समझ में आया कि वह कैसे अमीर बन सकता है! अब्दुल सात दिनों तक लगातार पुस्तक पढ़ता रहा और अपनी

पिछली मूर्खताओं पर पश्चात्ताप के आँसू बहाता रहा। उसने पुस्तक की एक-एक लाइन पढ़ी तथा नोट्स भी बनाए। जैसे वह अपने विद्यालय के दिनों में बनाता था। पुस्तक पूरी करते ही उसने चंदू को फोन किया कि "मैं भी शेयर बाजार में निवेश करना चाहता हूँ। मैंने 'बेबीलोन का अमीर आदमी' पुस्तक पूरी कर ली है। अब आप मुझे आगे का रास्ता सुझाएँ।"

चंदू बोला, "अब्दुल भाई, आज तुमने क्या कमाया और उस कमाई का क्या किया ?"

अब्दुल बोला, "आज मुझे एक ड्राइवरी का काम मिला था। उससे मुझे 250 रुपए मजदूरी मिली। मैंने सबसे पहले उसमें से 10 प्रतिशत राशि यानी 25 रुपए अपने भविष्य में धनवान् बनने के सपने के लिए अलग रखे, शेष 225 रुपए अम्मी को घर खर्च के लिए दे दिए।"

"तो क्या अम्मी नाराज नहीं हुईं कि 25 रुपए कहाँ गए ?"

"अम्मी नाराज नहीं, खुश हुईं, बाकी दिन तो मैं 250 रुपए कमाता हूँ तो 150 ही अम्मी को देता हूँ।"

"क्यों, बाकी 100 रुपए कहाँ जमा करते हो ?"

"कुछ नहीं सर, उनकी तो मैं सिगरेट पी जाता था। आज सिगरेट नहीं पी, पूरे 225 रुपए घर के खर्च में दिए और 25 रुपए अपनी शेयर बाजार की यात्रा के लिए अलग कर दिए हैं।"

"शाबाश अब्दुल! अब तुम चमत्कार देखोगे, जैसाकि तुमने अब तक पुस्तक में पढ़ा ही है। जब तुम अपनी आय में से 10 प्रतिशत हिस्सा बचाने लगते हो एवं उसे अपने धनवान् होने की यात्रा में लगा देते हो तो धन से संबंधित रूहानी शक्तियाँ सक्रिय हो जाती हैं तथा और अधिक धन तुम्हारी तरफ आकर्षित होने लगता है।"

"अब तुम अपनी आय का 10 प्रतिशत हिस्सा तब तक बचाओ, जब तक तुम 20,000 रुपए की बचत नहीं कर लो। उसके बाद तुम ICICI DIRECT या SBI या तुम्हें जो उचित लगे, उस कंपनी में डी-मैट खाते के लिए आवेदन कर सकते हो।"

इस अध्याय से हमने क्या सीखा ?

आपको डी-मैट खाता तभी खुलवाना चाहिए, जब आपके पास कम-से-कम 20,000 रुपए हों, क्योंकि आपको लगभग 10,000 रुपए तो बचत खाते में न्यूनतम शेष ही रखना होगा, जिस पर आपको नियमानुसार 4 प्रतिशत ब्याज मिलेगा। यहाँ पाठक ध्यान रखें कि यह पुस्तक वर्ष 2017 में लिखी गई है। आप जब भी इस पुस्तक को पढ़ रहे हों, उस समय के न्यूनतम शेष की शर्तों व ब्याज की दर की जानकारी बैंक से लेकर तदनुसार न्यूनतम राशि की व्यवस्था करें।

मुझे पता है कि मेरे कुछ पाठक अभी भी 'बेबीलोन का सबसे अमीर आदमी' पुस्तक नहीं पढ़ना चाहते। उनके लिए मैं यह बिंदु दे रहा हूँ कि आप शेयर बाजार में निवेश 10,000 रुपए से प्रारंभ करें और अपनी मासिक आय का 10 प्रतिशत हिस्सा प्रतिमाह अपने शेयरों के व्यापार में वृद्धि के लिए लगाएँ।

आपको प्रतिमाह अपनी आय का 10 प्रतिशत हिस्सा अपने धनवान् बनने की यात्रा में लगाना है, न उससे कम, न उससे ज्यादा; क्योंकि जब आप इस 10 प्रतिशत हिस्से को बचाने लगेंगे तो आपकी आय अपने आप अप्रत्याशित रूप में बढ़ने लगेगी; क्योंकि यह धन का मूलभूत नियम है कि वह बचाने से बढ़ता है। मुझे एक जैन व्यापारी ने बताया था, "लक्ष्मी उसी की इज्जत करती है, जो लक्ष्मी की इज्जत करता है।" तो 90 प्रतिशत आय खर्च करना और 10 प्रतिशत बचाना लक्ष्मी की इज्जत करना है। इससे आपकी आय या लाभ अपने आप बढ़ने लगते हैं।

□

अब्दुल की उधार लेकर निवेश करने की योजना

अब्दुल को अपनी आय का 10 प्रतिशत हिस्सा बचाते हुए पूरे पंद्रह दिन व्यतीत हो गए। इन पंद्रह दिनों में उसने कभी 25 रुपए बचाए, कभी 35 रुपए, कभी 45 रुपए तो कभी 50 रुपए। यों करते-करते पंद्रह दिनों में 600 रुपए की अब्दुल ने बचत कर ली।

इन पंद्रह दिनों में उसको अपना खर्च चलाने में कोई परेशानी नहीं हुई, क्योंकि यह सर्वमान्य सिद्धांत है, जिसे विश्व के सभी अर्थशास्त्री मानते हैं कि यदि आप 100 रुपए कमाकर 90 रुपए खर्च करते हैं तो भी आपको कोई विशेष परेशानी नहीं होती, आप 90 रुपए में भी अपनी जीवन-शैली 100 रुपए की तरह ही रख सकते हैं।

साथ ही उसकी आय भी अप्रत्याशित रूप से बढ़ गई, क्योंकि पहले भी कभी ऐसा नहीं हुआ कि उसको पंद्रह दिन लगातार टैक्सी चलाने का काम मिला हो। इस बार ही ऐसा हुआ कि पंद्रह दिन में एक दिन भी ऐसा नहीं गया, जब उसको काम नहीं मिला हो। इससे अब्दुल को पूर्ण विश्वास हो गया कि कोई ईश्वरीय शक्ति उसकी मदद भी कर रही है।

पंद्रहवें दिन शाम को अब्दुल के पास चंदू का फोन आया कि अखबार बाँटने के काम में लगी बोलेरो पर एक ड्राइवर की आवश्यकता है। अखबार का मालिक 20,000 रुपए प्रतिमाह की तनख्वाह तो देगा ही, साथ ही अखबारों को गंतव्य स्थलों पर उतारने के बाद वह बोलेरो में जो सवारियाँ किराए पर लाएगा, उस किराए को भी वह अतिरिक्त आमदनी के रूप में रख सकता है।

अब्दुल बेहद खुश हुआ। अब उसे 'बेबीलोन का अमीर आदमी' पुस्तक पर पूरा विश्वास हो गया था। उसने तुरंत इस ऑफर को स्वीकार कर लिया। एक माह बाद उसने चंदू से प्रार्थना की कि वह उसे एक बार महेश सर से भी मिलवा दें।

चंदू बोला, "महेश सर फालतू की बातें करके समय बरबाद नहीं करना चाहते। इसलिए वे अपने मोबाइल नंबर भी अपनी पुस्तकों व ब्लॉग में नहीं देते, क्योंकि ज्यादातर लोग योगेंद्र की तरह मोबाइल पर बातचीत करके ही संक्षेप में सीखना चाहते हैं, जो संभव नहीं है। यदि मोबाइल पर ही या घंटे-दो घंटे की मुलाकात में ही सबकुछ सिखाया जा सकता तो वो चार पुस्तकें क्यों लिखते तथा इंटरनेट पर 1,000 से अधिक रिसर्च रिपोर्ट्स लेख क्यों डालते तथा यू-ट्यूब पर भी उनके 3 चैनल हैं, उनमें क्यों सिखाते ? इसलिए वे सिर्फ उन्हीं फॉलोवर्स को पसंद करते हैं, जो स्वयं उनकी बताई हुई बातों पर अमल कर सीखते हैं।"

अब्दुल बोला, "पर मुझे उनसे कुछ भी पूछना या सीखना नहीं है। मैं वादा करता हूँ कि मैं उनकी पुस्तकें व ब्लॉग पढ़कर खरीदकर ही सीखूँगा तथा उनके यू-ट्यूब वीडियो देखकर सीखूँगा। मुझे तो केवल उनसे मुलाकात करनी है।"

चंदू बोला, "ऐसी बात है तो मैं आपको उनसे जरूर मिलवाऊँगा।"

रविवार को चंदू व अब्दुल मेरे घर पर आए। मैंने उनकी अभी तक की कहानी को ध्यानपूर्वक सुना और उसी समय मुझे इस किताब को लिखने की प्रेरणा भी हुई, ताकि मेरे फॉलोवर्स भी उनकी कहानी से कुछ सीख सकें।

अब्दुल से मैंने पूछा, "अभी तक तुमने कितने पैसे बचाए हैं ?"

उसने बताया, "3,142 रुपए मैं अभी तक बचा पाया हूँ। यद्यपि यह अप्रत्याशित रूप से ज्यादा है कि मुझे सिर्फ 1 माह 15 दिन में पहले से बहुत ज्यादा कमाई हुई है तथा इन 1 माह 15 दिनों में 3,142 रुपए बचा पाऊँगा, यह मैं कभी नहीं सोच सकता था; क्योंकि पहले तो मेरी मासिक आय ही 4,000 रुपए थी। यदि आय उतनी ही रहती तो मैं 1 माह 15 दिन में सिर्फ 600 रुपए बचा पाता; परंतु मेरी आय भी बचत के साथ-साथ अप्रत्याशित रूप से बढ़ रही है।"

“ठीक है अब्दुल। मुझे लगता है कि तुम लगभग पाँच–छह माह में 20,000 रुपए आसानी से जमा कर लोगे। तब तुम डी–मैट खाता खुलवा लेना।”

अब्दुल बोला, “सर, आप बुरा न मानें तो एक बात बोलूँ। मैं खाता आज भी खुलवा सकता हूँ; क्योंकि पहले मैं सिगरेट पीता था और आय कम होते हुए भी ऊँचे मोबाइल रखने का शौक रखता था; परंतु अब अपने खर्च भी मैंने कम कर दिए हैं। इससे हमारा जीवन–स्तर भी उच्च हो रहा है। अब हम ज्यादा फल–सब्जियाँ व पौष्टिक खाना भी खा पा रहे हैं। इसलिए मैं सिर्फ 10 प्रतिशत ही क्यों बचाऊँ ? अम्मी ने मेरी आय में से 8,000 रुपए अलग से बचा लिये हैं, मैं वे भी ले सकता हूँ। मेरे अखबार के मालिक भी मुझे एक माह की तनख्वाह एडवांस उधार दे देंगे। इस प्रकार 20,000 रुपए की व्यवस्था मैं कर सकता हूँ।”

बीच में उसकी बात काटते हुए चंदू हँसा, “सर, यह इतना खर्चीला था कि जब मैं इसको शादी में ड्राइवर के रूप में ले गया तो इसने घर का खर्च चलाने के लिए 2,000 रुपए बतौर अग्रिम लिये थे। उसमें से भी 1,100 रुपए ही अपनी अम्मी को दिए, बाकी में 100 रुपए की सिगरेट तथा 800 रुपए के नए जूते ले आया; क्योंकि इसको लगा कि शादी में जा रहे हैं तो जूते तो टिप–टॉप ही होने चाहिए। यह अलग बात है कि शादी मेरी भानजी की थी तो भी मैं अब्दुल से दो वर्ष पहले लिये जूते पहनकर गया था।”

“हाँ सर, अब मेरे खर्च भी कम हो गए हैं। इससे मैं आसानी से उधार लेकर तथा अपनी अन्य बचतों की सहायता से आज ही 20,000 रुपए से डी–मैट खाता खुलवा सकता हूँ।” अब्दुल बोला।

“नहीं अब्दुल, मैं इसकी सलाह नहीं देता; क्योंकि ज्यादातर बाजार में छोटे निवेशक इसी गलती से असफल होते हैं, जो योगेंद्र पहले ही कर चुका है तथा तुम करने के लिए उत्सुक हो। साथ ही मेरे पिछले बारह वर्ष के स्टॉक मार्केट अनुभव में मेरे पास प्रतिदिन आनेवाले सैकड़ों कमेंट्स व इ–मेल में से 90 प्रतिशत छोटे निवेशक इसी गलती को करते हैं, जिससे छोटे निवेशक शेयर बाजार में पैसा नहीं कमा पाते।”

"सर, मैं कुछ समझा नहीं। मुझे नहीं लगता कि मैंने कुछ भी गलत बात कही है, जिसे आप गलती कह रहे हैं।"

"हाँ अब्दुल, ऐसा किसी भी गलती करनेवाले को नहीं लगता कि वह कुछ गलत कर रहा है। तभी तो गलतियाँ होती हैं। गलती को तो कोई अनुभवी व निष्पक्ष व्यक्ति ही पहचान सकता है। आज मैं तुम्हें उस गलती के बारे में विस्तार से बताऊँगा, जिससे बचने पर तुम शेयर बाजार में कभी भी असफल नहीं हो सकते। वह गलती है—अपनी बचत को या उधार ली हुई पूँजी को शेयर बाजार में निवेशित करना। इस शिक्षा को गाँठ बाँध लो।

"कभी भी अपनी बचत या उधार में ली हुई पूँजी शेयर बाजार में निवेशित मत करो, वरना तुम्हें हारना पड़ेगा।"

मेरे वाक्य सुनकर सिर्फ चंदू मुसकरा रहा था। अब्दुल के चेहरे से लग रहा था कि वह जिसे शेयर बाजार का बहुत बड़ा जानकार समझकर मिलने आया था, वह या तो मूर्ख है या उसका मानसिक संतुलन बिगड़ गया है, जिससे वह ऐसी दोगली बातें कर रहा था कि 'अपनी आय का 10 प्रतिशत हिस्सा बचाकर शेयर बाजार में लगाओ।' पाँच मिनट बाद कह रहा है, 'कभी भी अपनी बचत या उधार में ली हुई पूँजी शेयर बाजार में निवेशित मत करो, वरना तुम्हें हारना पड़ेगा।'

मैं समझ रहा हूँ कि सिर्फ अब्दुल ही नहीं, मेरी पुस्तक के अन्य पाठक भी यहाँ आकर थोड़ा संदेह मेरे विचारों पर कर रहे होंगे; परंतु मैं एक-एक बात समझाऊँगा। मैंने अब्दुल को रिलैक्स करने के लिए चाय बनवाने के लिए अपने बच्चों से कहा तथा आपको मैं पुस्तक से तो चाय पिला नहीं सकता, आप चाय, कॉफी, जूस, जो भी पीते हों, स्वयं पी लीजिए तथा दिमाग थोड़ा रिफ्रेश करके वापस पुस्तक को हाथ में लें, क्योंकि आज मैं जो बताने जा रहा हूँ, उस ज्ञान को पचाने की कोशिश कीजिए।

आप जो भी कमाते हैं, उसे दो हिस्सों में बाटँते हैं—(1) खर्च; (2) बचत।

बचत वह धनराशि है, जो नियमित खर्च करने के बाद पीछे शेष बचती

है। यह राशि आपको अपने बच्चों की शिक्षा, शादी–विवाह, बीमारी, अन्य पारिवारिक उत्सवों के समय काम आती है। बचत हमेशा खर्च के बाद पीछे शेष बची राशि होती है तथा इसकी जरूरत आपको कभी भी पड़ सकती है। इस जरूरत का कोई समय तय नहीं होता, जैसे मान लो, आपने चार माह में 15,000 रुपए बचाए और अचानक आपके परिवार में कोई बीमार हो गया या दुर्घटना हो गई तो ये 15,000 रुपए के शेयर लिये हुए होंगे तो आपको तत्काल इन शेयरों को बेचकर लिक्वीडिटी करने की आवश्यकता महसूस होगी। ऐसे समय में आपके शेयर यदि आपके खरीदे हुए भाव से कम पर भी ट्रेड कर रहे होंगे तो भी आपको बेचने पड़ेंगे, जिसका नतीजा होगा—नुकसान। इसलिए जो भी आप कमाएँ, उसे दो हिस्सों में मत बाँटिए, उसे तीन हिस्सों में बाँटिए—

10 प्रतिशत हिस्सा, जिसे आप अमीर बनने के लिए दीर्घ अवधि के लिए निवेश करेंगे, सबसे पहले आय में से काटकर अपने बिजनेस के विस्तार में दे दीजिए। ध्यान रखिए, यह बचत नहीं है। यह वह धनराशि है, जिसे आपने खर्च से पहले काट लिया है तथा इसे अपनी आय का हिस्सा नहीं माना है। यह आप अपने अमीर बनने की यात्रा में निवेशित कर दीजिए। (यहाँ मैं ज्यादा विस्तार में नहीं जाऊँगा। मैं मान रहा हूँ कि आपने 'बेबीलोन का सबसे अमीर आदमी' पुस्तक पढ़ ली है। उसमें से यह बिंदु आपने विस्तार से समझ लिया है।)

शेष 90 प्रतिशत हिस्से को ही अपनी आय मानिए। इसी में से अपना खर्च चलाना है तथा भविष्य की जरूरतों के लिए इसी से बचाना है।

उक्त 90 प्रतिशत हिस्से में से आपके खर्च के बाद जो शेष बचे, वह बचत है। इसे अपने बचत खाते या बैंक एफ.डी. में रखिए तथा बच्चों की शिक्षा, विवाह, बीमारी आदि खर्च इसी बचत में से करने होते हैं।

संक्षेप में, यदि आप अमीर बनना चाहते हैं तो अपनी आय को दो हिस्सों में बाँटने की गलती छोड़िए—

खर्च (अनिश्चित)

बचत (अनिश्चित)।

इसे तीन हिस्सों में बाँटिए—

अनिवार्य निवेश (10 प्रतिशत निश्चित)

खर्च (अनिश्चित)

बचत (खर्च में से बची हुई धनराशि)।

अब्दुल, तुम्हारी स्थिति में यह इस प्रकार है—पिछले 1 माह 15 दिन में तुमने 31,420 रुपए कमाए, जिसको तीन हिस्सों में बाँटने पर 3,142 रुपए वह 10 प्रतिशत धनराशि है, जिससे तुम देश के प्रतिष्ठित उद्योगों में हिस्सा (शेयर) खरीदोगे। यह बचत नहीं, निवेश है। इसे बेचकर तुम्हारे बच्चों की शिक्षा, बीमारी या विवाह में नहीं लगाया जाएगा।

क्या कोई उद्योगपति अपनी फैक्टरी बेचकर अपने बच्चों की शादी करता है?

वह तो उद्योग से होनेवाली आय से ऐसा करता है, तो ऐसे ही इस 3,142 रुपए को शेयरों में लगाना है तो यह ऐसी धनराशि है, जिसकी तुम्हें आगामी दस, बीस या तीस वर्ष तक जरूरत नहीं है।

हाँ, इनमें डिविडेंड से जो आय हो, उसे उद्योग से होनेवाली आय की तरह उपयोग कर सकते हो। बहुत ही ज्यादा जरूरत हो तो इस कोष में से बगैर ब्याज के तुम उधार ले सकते हो। ऐसी स्थिति में तुम स्वयं ही अपना बैंक हो। इसमें से उधार लेकर तुम स्वयं किस्तें तय करके वापस जमा कर सकते हो।

जब भी तुम्हारी आय आयकर योग्य हो जाएगी, तब मैं तुम्हें एक ऐसी विधि बताऊँगा, जिससे तुम आयकर भी बचा सकोगे तथा इस उद्योग से नियमित मासिक आमदनी भी प्राप्त कर सकते हो, जिसका तुम जैसा मन में आए, उपयोग करना (यह विधि आगे इस पुस्तक में जब भी अब्दुल की आय सालाना 2.50 लाख से ऊपर हो जाएगी, वहाँ पर आपको बताई जाएगी। थोड़ा धैर्य रखें।)।

तुम्हारी 31,420 रुपए में से 10 प्रतिशत राशि 3,142 रुपए काटने के बाद तुमने शेष राशि 28,278 रुपए अम्मी को दिए, जिसमें से अम्मी ने 20,278 रुपए घरेलू खर्च में व्यय कर दिए। उसे 'खर्च' कहते हैं।

शेष 8,000 रुपए, जो अम्मी के पास बच गए, वह बचत है, जिससे तुम्हारी भविष्य की जरूरतें पूरी होंगी।

इसलिए धैर्य रखो तथा अपनी शेयर बाजार की यात्रा इसी 10 प्रतिशत धनराशि से करो; क्योंकि जब तुम अनुशासनपूर्वक अपनी आय का 10 प्रतिशत हिस्सा यह सोचकर शेयर बाजार में लगाओगे कि इसकी तुम्हें पाँच, दस, पंद्रह या बीस वर्ष तक आवश्यकता नहीं पड़ेगी, तब तुम्हारे शेयरों को रोके रखने की क्षमता बढ़ेगी तथा लॉन्ग टर्म निवेश बनाए रखने से लंबे समय में कर-मुक्त आय होगी।

परंतु यदि तुम अम्मी के पास जमा 8,000 रुपए शेयरों में लगा देते हो तथा तीन दिन बाद अम्मी बीमार पड़ जाए और तुम्हें दवाओं के लिए धन की आवश्यकता हो तो क्या करोगे ? क्या तीन दिन में ही शेयर बेच दोगे ? उस समय बाजार नीचे हुआ तो क्या होगा ?

यदि तुम तनख्वाह से अग्रिम उधार लेकर शेयरों में लगाओगे तो भी तुममें शेयरों को होल्ड करने की ताकत नहीं आएगी तथा तुम अपने शेयरों के बाजार भाव में थोड़ी सी भी गिरावट देखकर चिंता में डूब जाओगे।

इस अध्याय से हमने क्या सीखा ?

आपके पास शेयरों को होल्ड करने की ताकत होनी चाहिए। वह ताकत तभी आती है, जब आप ऐसी पूँजी को शेयरों में निवेश करते हैं, जिसकी आवश्यकता आपको आगामी दस या पंद्रह वर्ष या उससे भी अधिक समय तक नहीं होगी।

अत: इस अध्याय से हमने यह सीखा है कि हमें अपनी भविष्य की बचत शेयरों में निवेश नहीं करनी चाहिए, क्योंकि शेयरों में कभी-कभी बहुत ज्यादा गिरावट आ सकती है, जैसाकि अमेरिका में वर्ष 1930 में हुआ था, हमारे बाजार में 2001 में हुआ था, 2008 में हुआ था। ऐसी गिरावट के समय आप अपनी बचत को आधी या उससे भी कम देखकर घबरा जाएँगे तथा ऐसे समय सभी न्यूज चैनल्स एवं आपके मित्र भी आपको डराएँगे कि शेयर बाजार अब

कभी नहीं चढ़ने वाला, कम-से-कम 20-30 वर्ष तक तो नहीं बढ़ेगा। आप चाहे कितने ही समझदार क्यों न हों, जब बार-बार यह सुनेंगे कि मार्केट अब कभी भी ऊपर नहीं बढ़ेगा, तब आप अपने शेयर नुकसान में बेचकर हमेशा के लिए शेयर मार्केट की बुराई करनेवाली जमात में शामिल हो जाएँगे। मैं ऐसे अनेक लोगों को जानता हूँ, जिन्होंने वर्ष 2008 की गिरावट में अच्छा-खासा नुकसान बुक किया था, हालाँकि वे उन्हीं शेयरों को 2017 में भी होल्ड कर रहे होते तो उनका पैसा चार-पाँच गुना हो गया होता?

पर नुकसान झेलना मनुष्य के अहं को ठेस पहुँचाता है। उससे उबरने में कम-से-कम 12 साल का समय लगता है। इतने सालों में शेयर बाजार वापस नई ऊँचाइयों पर आ जाता है। तब ये नुकसान खाए लोग वापस निवेश करते हैं तथा उनके साथ फिर वही घटना हो जाती है, जो पहले हुई थी; क्योंकि वे हमेशा ऊँचाई पर ही निवेश करने की हिम्मत जुटाते हैं।

हालाँकि इंडेक्स शेयर बाजार को नापने का समुचित मापदंड नहीं है। बहुत से निवेशक, जिन्होंने मेरी पहली पुस्तक 'शेयर बाजार में जीतने की कला' नहीं पढ़ी है, वे शायद आज पहली बार जानेंगे इंडेक्स, जैसे निफ्टी व सेंसेक्स में कंपनियाँ बदलती रहती हैं। वर्ष 2001 में निफ्टी व सेंसेक्स में जो कंपनियाँ थीं, उसमें से ज्यादातर आज इंडेक्स में से निकाल दी गई हैं और नई कंपनियाँ शामिल कर ली गई हैं तथा हमारे जैसे छोटे निवेशक यह गिनते रहते हैं। आज निफ्टी गिर गया, आज बढ़ गया; जबकि वर्ष 2008 के खराब-से-खराब बाजार में भी कुछ शेयर 15-25-50 प्रतिशत भी बढ़ रहे थे। पर छोटा निवेशक एक ही मंत्र जप रहा था—शेयर बाजार बहुत गिरा हुआ है तथा और भी गिर सकता है। लगातार गिर रहा है। अभी कैश पर बैठना चाहिए।

□

अब्दुल का पहला निवेश

योगेंद्र का डी-मैट खाता खुलकर आ गया; उसके आई.डी. और पासवर्ड भी आ गए। वह ट्रेड करने के लिए एक लैपटॉप लेना चाहता था; साथ ही अपनी दुकान पर लैपटॉप की सहायता से मोबाइल रिचार्ज करना, बिजली बिल भरना आदि काम भी करना चाहता था।

उसने चंदू से पूछा कि "कौन सा लैपटॉप खरीदना चाहिए?"

चंदू ने कहा, "तुम्हें कोई चालू हालत में पुराना लैपटॉप खरीदना चाहिए, जो 7,000-8,000 रुपए में मिल जाएगा; क्योंकि कंप्यूटर में तो सॉफ्टवेयर चलता है। हार्डवेयर यदि उच्च क्षमता का है अर्थात् उसकी रैम, प्रोसेसर वगैरह अच्छी क्षमतावाले हैं तो पुराने लैपटॉप पर भी सही काम हो सकता है। महेश सर आज भी वर्ष 2009 का लैपटॉप, जिसमें कोर आई थ्री प्रोसेसर व 3 जी.बी. रैम है, चलाते हैं तथा आठ सालों से प्रयोग कर रहे हैं।"

योगेंद्र बोला, "नहीं सर, पुराने लैपटॉप से तो इज्जत चली जाती है। एच.पी. का नवीनतम लैपटॉप 30,000 रुपए में ऑनलाइन मिल रहा है। वहाँ से मँगवाने पर दोस्तों में शान भी बढ़ेगी तथा ट्रेडिंग भी कर लेंगे।"

चंदू बोला, "पर योगेंद्र, यदि तुम 8,000 रुपए का पुराना लैपटॉप लेकर उस पर 500 रुपए डालकर आवश्यक सॉफ्टवेयर डलवा देते तो 8,500 रुपए से तुम्हारा काम चल जाता और बचे हुए 21,500 रुपए से तुम शेयर खरीद सकते हो।"

योगेंद्र बोला, "नहीं-नहीं, चंदूजी, एक बार 30,000 में नया ही लेने दो। शेयरों के लिए तो पैसे की व्यवस्था बाद में भी कर लूँगा।"

यहाँ मैं विषय से थोड़ा हट गया हूँ, इसलिए संक्षिप्त में बता देता हूँ। योगेंद्र ने 30,000 रुपए का लैपटॉप ऑनलाइन मँगवाया, जो चला नहीं, जिस पर स्थानीय विक्रेता को दिखाया तो उसने बताया कि विंडो आदि सॉफ्टवेयर नहीं डाले हुए हैं। इस पर योगेंद्र ने और पैसा खर्च करके सॉफ्टवेयर डलवाए, फिर शेयर बाजार शुरू करने के लिए बार-बार चंदू को फोन करके बुलाने लगा।

चंदू ने कहा, "योगेंद्रजी, आप यू-ट्यूब पर जाकर ICICI DIRECT की वेबसाइट कैसे उपयोग करें, इसका डेमो देखकर स्वयं सीख लीजिए।"

पर योगेंद्र बोला, "सर, समय किसके पास है डेमो देखने का ? आप ही एक बार संक्षिप्त में बता दीजिए।"

चंदू को योगेंद्र की उत्साहहीनता पर मन-ही-मन बहुत खीझ हुई, पर वह जाकर उसको समझाकर आ गया।

अब योगेंद्र बोला, "कौन सा शेयर खरीदूँ, कितने का खरीदूँ, कब तक होल्ड करूँ ?"

चंदू बोला, "तुम महेश सर की वेबसाइट पर जाकर कोई भी चार-पाँच लेख और उनमें दिए लिंक ध्यान से पढ़ लोगे तो यह कहानी तुम्हारी समझ में आ जाएगी कि कौन सा शेयर खरीदना है, कब खरीदना है और कितने का खरीदना है, कब बेचना है! तुम चाहो तो इसके लिए उनकी पुस्तक 'The Winning Theory In Stock Market' भी खरीद सकते हो, जिसका हिंदी अनुवाद 'शेयर बाजार में जीतने की कला' भी अमेजन पर मिल रहा है।"

योगेंद्र बोला, "मुझे कौन से लाख-दो लाख रुपए लगाने हैं, जो मैं किताबें पढ़ने में समय बरबाद करूँ ? मुझे तो आप ही दो शेयर बता दीजिए। मैं 5,000-5,000 रुपए के दोनों शेयर ले लेता हूँ।"

"पर योगेंद्र, यह सही विधि नहीं है। इससे तो तुम शेयर बाजार में कभी पैसा नहीं बना सकोगे। तुम्हें निवेश करने के सभी पहलुओं की तथा स्टॉप लॉस की स्वयं जानकारी होनी चाहिए।"

"वह तो बाद में सीखते रहेंगे। एक बार तो आप दो शेयर बता दीजिए।"

चंदू ने दो शेयर बताकर जान छुड़ाई।

दूसरी तरफ, अब्दुल ने लगभग छह माह में अखबार की नौकरी करते हुए 20,000 रुपए बचा लिये तथा धैर्य का परिचय देते हुए आय के 10 प्रतिशत हिस्से से पहले 20,000 रुपए बचाने के बाद डी-मैट खाता खुलवाया।

अभी तक अब्दुल का मुझसे भी परिचय हो चुका था। मैं अब्दुल की लगन एवं पुस्तकों से प्राप्त ज्ञान पर अक्षरश: अमल करने की योग्यता से प्रभावित था। इसलिए जब उसने डी-मैट खाता खुलवाने के बाद मुझसे आगे भी जानकारी चाही तो मैंने सहर्ष उसको रविवार के दिन अपने घर पर मिलने के लिए बुला लिया।

अब्दुल के पास चूँकि स्वयं का लैपटॉप नहीं था, इसलिए वह योगेंद्र को भी अपने साथ लेकर आया। मैंने बगैर औपचारिकता का समय गँवाए बिना सीधे शेयर बाजार का ज्ञान देना प्रारंभ किया।

"देखो अब्दुल, तुम्हें शेयर बाजार में कारोबार करते समय अपने आप को खुदरा किराना व्यापारी की तरह मानना चाहिए। इस बारे में ज्यादा जानकारी तुम मेरी पुस्तक 'शेयर बाजार में जीतने की कला' से ले सकते हो।"

अब्दुल बोला, "सर, वह पुस्तक तो मैंने पहले ही अमेजन से मँगवाकर पढ़ ली है।"

योगेंद्र चुप रहा, क्योंकि वह पुस्तकों से ज्ञान न लेकर सीधे मोबाइल से तथा सीधी बातचीत से ज्ञान लेना ज्यादा उचित मानता था।

मैं अब्दुल की बात सुनकर और भी प्रभावित हो गया। मैंने कहा, "तो तुम मेरे ब्लॉग भी पढ़ते होगे। आज मैं तुम्हें वापस कुछ प्रमुख बिंदु क्लीयर कर देता हूँ।

"देखो अब्दुल, मैंने अपने शेयरों में निवेश को चार भागों में विभाजित किया है—

1. ऐसे शेयर, जिनको में दो, तीन या पाँच साल के नजरिए से खरीदता हूँ। ये शेयर आवश्यक रूप से पिछले पाँच सालों से लगातार डिविडेंड देनेवाले होते हैं, ताकि मैं इनको दो, तीन या पाँच साल तक होल्ड करके रखूँ तो मुझे इनमें डिविडेंड से आय हो सके।

इनको मैं फंडामेंटल स्टॉक्स कहता हूँ। आप मेरी वेबसाइट www.maheshkaushik.com पर ऐसे शेयरों की सूची देख सकते हैं, जिसे मैं एक-दो माह में एक बार अपडेट करता हूँ, अर्थात् मैं वर्ष भर में लगभग बारह ऐसी कंपनियों में लंबे नजरिए से निवेश करता हूँ, जो बेचने पर मुझे 100 प्रतिशत से लेकर 1000 प्रतिशत तक मुनाफा देती हैं। आप उक्त वेबसाइट पर वर्ष 2014 से ऐसे शेयरों की सूची भी देख सकते हैं।

2. दूसरे प्रकार के शेयरों को मैं 'पैनी शेयर' कहता हूँ। आप मेरे ब्लॉग http://mypennyshare.maheshkaushik.com पर ऐसे शेयरों की सूची देख सकते हैं। इनमें होल्डिंग का समय तीन माह से तीन वर्ष तक हो सकता है। वर्ष भर में लगभग छह से बारह मैं ऐसे पैनी शेयर तलाश पाता हूँ, जो 20 रुपए प्रति शेयर से कम पर ट्रेड कर रहे होते हैं। इनमें मैं 25 प्रतिशत से 200 प्रतिशत तक मुनाफा बुक कर लेता हूँ।
3. तीसरे प्रकार के शेयरों को मैं 'ट्रेडिंग शेयर' कहता हूँ। इनमें मैं दुकानदार की तरह खरीद व बिक्री करके लगभग तीन दिन से तीन माह में 20 प्रतिशत की दर से मुनाफा बुक करने की सलाह देता हूँ। आप इन शेयरों की सूची मेरे शेयरजीनियस ब्लॉग http://sharegenius.maheshkaushik.com पर देख सकते हैं।
4. चौथे प्रकार के शेयर 'ब्रेक आउट शेयर' हैं, अर्थात् ऐसे शेयर, जो उनकी 30, 50, 150, व 200 दिन की मूविंग एवरेज से ऊपर बंद होते हैं, 'ब्रेकआउट शेयर' कहलाते हैं। इनको मैं तीन दिन से एक माह में 10 प्रतिशत मुनाफा कमाने के लिए खरीदता हूँ। इनको मैं किसी भी ब्लॉग पर अपडेट नहीं करता। इनको मैं अपने 'शेयरजीनियस मल्टीबेगर स्टॉक्स' एप पर अपडेट करता हूँ। आप इस एप को गूगल प्ले स्टोर से डाउनलोड कर सकते हैं।

अब्दुल बोला, "सर, मैं नया आदमी हूँ। आप मेरे उस्ताद हैं। मैं समझ नहीं पा रहा कि मैं कहाँ से शुरू करूँ? सबसे पहले मैं कौन से प्रकार के शेयर खरीदूँ? मैं आपके ब्लॉग व एप नहीं यूज करना चाहता तो मैं खुद ऐसे शेयरों की कैसे पहचान करूँ?"

"अब्दुल, अपने बचत खाते में तुमने 20,000 रुपए रखे हैं तथा प्रतिमाह तुम अपनी आय का 10 प्रतिशत हिस्सा भी इसमें रखते रहना। अब तुम्हें इन 20,000 रुपयों से शेयर बाजार में निवेश की शुरुआत करनी है। इसमें 10,000 रुपए तो ICICI बैंक के बचत खाते में मिनिमम बैलेंस रखना है। अब मानते हैं कि तुम्हारे पास सिर्फ 10,000 रुपए की ऐसी बचत है, जिससे तुम मेरी विधि से शेयर बाजार में निवेश की शुरुआत करना चाहते हो। इन 10,000 रुपयों को भी तुम्हें चार भागों में बाँटना पड़ेगा—

1. सबसे ज्यादा 50 प्रतिशत राशि फंडामेंटल शेयरों में लगानी है।
2. उससे आधी राशि पैनी शेयरों में, अर्थात् 25 प्रतिशत राशि पैनी शेयरों में, लगानी है।
3. पैनी शेयरों की भी आधी 12.5 प्रतिशत राशि ट्रेडिंग स्टॉक्स में लगानी है।
4. शेष 12.5 प्रतिशत राशि एप में आनेवाले ब्रेकआउट शेयरों में लगानी है।

अर्थात् तुम्हारे 10,000 रुपयों के चार भाग करने हैं—

5,000 रुपए

25,00 रुपए

1,250 रुपए

1,250 रुपए

अब जब तक तुम अच्छे शेयरों को पहचानना नहीं सीख जाओ, तब तक तुम्हें मेरे एप व ब्लॉग की सहायता भी लेनी पड़ेगी। मेरा एप, जोकि 'मल्टीबेगर स्टॉक्स शेयरजीनियस नाम से है, आप गूगल प्ले स्टोर और एप्पल स्टोर से मुफ्त में डाउनलोड कर सकते हैं।

पहले 5,000 रुपयों को एप की फंडामेंटल टिप टेब में बताए गए शेयरों में निवेश करना है। ये टेब मेरे वेबपृष्ठ www.maheshkaushik.com से कनेक्टेड हैं। अत: जिनके पास एप नहीं है, वे सीधे वेबसाइट पर जाकर शेयर देख सकते हैं। यहाँ आपको एक बात का ध्यान रखना है कि जिस भी स्टॉक में आप निवेश करें, वह उसकी 200 दिनों की मूविंग एवरेज से ऊपर ट्रेड कर रहा होना चाहिए। आपकी सुविधा के लिए मैंने अपनी वेबसाइट पर एक लिंक उपलब्ध करवा रखा है, जिस पर जाकर आप मेरी ऐसी पुरानी अभिशंसाओं की सूची देख सकते हैं, जो आज भी खरीद करने लायक हैं। यह लिंक आपको 'मल्टीबैगरस स्टॉक्स 2018' के नाम से मिलेगा। यदि आपने यह पुस्तक वर्ष 2017 में खरीदी है तो लिंक का नाम 'मल्टीबैगरस स्टॉक्स 2018' होगा। यदि आप 2018 में इसे पढ़ रहे हैं तो लिंक का नाम 'मल्टीबैगरस स्टॉक्स 2019' होगा, अर्थात् जिस वर्ष भी आप पुस्तक पढ़ रहे हैं, उससे अगला वर्ष लिंक के नाम में दिया होगा।

यह लिंक मैंने अपनी 'मल्टीबैगरस स्टॉक्स शेयरजीनियस एप' में भी दिया है, जो आपको 'मल्टीबैगरस इंडियन स्टॉक्स' नाम से मिल जाएगा।

दूसरे, 2,500 रुपए एप के पैनी शेयर टैब में बताए शेयरों में डालने हैं, जो मेरे ब्लॉग 'पैनी शेयर' से कनेक्टेड हैं। ऊपर जो मल्टीबैगर स्टॉक्स 2018 लिंक का जिक्र किया गया है, उसमें पैनी शेयर भी शामिल है।

तीसरे, 1,250 रुपए ट्रेडिंग स्टॉक्स टैब या मेरे शेयरजीनियस ब्लॉग पर जो शेयर दिए जाते हैं, उनमें से किसी एक में निवेशित करने हैं।

चौथे, 1,250 रुपए एप की ब्रेकआउट अभिशंसाओं में लगाने हैं।

इस क्रम को लगातार दोहराते रहना है। जब भी आय का 10 प्रतिशत हिस्सा लगातार जमा करने के कारण आपके पास अगले 5,000 जमा हो जाएँ तो आप दूसरा कोई फंडामेंटल स्टॉक खरीद लें। फिर 2,500 रुपए जमा होने पर कोई पैनी शेयर में लगा दें। फिर 1,250 बचे हों तो उनको ट्रेडिंग स्टॉक्स में डाल दें तथा अगले 1,250 ब्रेकआउट स्टॉक्स में डाल सकते हैं।

इस तरह से धीरे-धीरे आपका डायवर्सिफाइड पोर्टफोलियो बनना चालू

हो जाएगा। अगले अध्याय में मैं आपको बताऊँगा कि आपको शेयर बेचकर मुनाफा किस प्रकार कमाना है।

अब्दुल बात समझ गया तथा उसने अपने 10,000 रुपए मेरी बताई गई विधि से चार शेयरों में निवेशित कर दिए। वह अपनी आय में से 10 प्रतिशत हिस्सा प्रतिमाह अपने शेयर बाजार में निवेश को बढ़ाने के लिए जमा भी करता रहा।

इस अध्याय से हमने क्या सीखा ?

अपनी मासिक आय का 10 प्रतिशत हिस्सा छह माह तक बचाइए। अब जो भी राशि बने, उसकी—

1. 50 प्रतिशत राशि फंडामेंटल शेयरों में लगानी है।
2. उससे आधी राशि पैनी शेयरों में अर्थात् 25 प्रतिशत राशि पैनी शेयरों में लगानी है।
3. पैनी शेयरों की भी आधी 12.5 प्रतिशत राशि ट्रेडिंग स्टॉक्स में लगानी है।
4. शेष 12.5 प्रतिशत राशि एप में आनेवाले ब्रेकआउट शेयरों में लगानी है।

अपनी आय का 10 प्रतिशत हिस्सा प्रतिमाह जमा करते रहना है तथा उसमें से उचित राशि जमा होने पर इसी क्रम को दोहराते रहना है।

उदाहरण के तौर पर, सुधीर एक इंजीनियर है। उसकी मासिक आय 1 लाख रुपए है तो वह 10,000 रुपए प्रतिमाह बचाते हुए छह माह में 60,000 रुपए जमा करेगा तो सुधीर एक फंडामेंटल शेयर में कम-से-कम 30,000 राशि का निवेश करेगा। 1 लाख रुपए प्रतिमाह कमानेवाले के लिए 30,000 रुपए उतनी ही छोटी राशि है, जितनी अब्दुल के लिए 5,000। सुधीर शेष 15,000 रुपए पैनी शेयर में और 7,500-7,500 रुपए ट्रेडिंग व ब्रेकआउट स्टॉक्स में निवेश करेगा और इसी क्रम को जैसे-जैसे राशि जमा होती जाए, दोहराता रहेगा।

यहाँ यह भी ध्यान दें कि सुधीर को 60,000 रुपए एक साथ जमा होने

का इंतजार करने की जरूरत नहीं है। तीन माह में उसके 30,000 रुपए जमा होते ही वह पहला फंडामेंटल स्टॉक खरीद सकता है।

कुछ पाठक यहाँ बोर हो गए होंगे। वे सोच रहे होंगे—मैं सिर्फ अपने ब्लॉग और एप का उपयोग करने की विधि सीख रहा हूँ, जबकि ऐसा नहीं है। मेरे प्रिय पाठको, मैं आपको आत्मनिर्भर बनाना चाहता हूँ, क्योंकि मनुष्य का शरीर नाशवान् है और मैं आपका मार्गदर्शन करने के लिए हमेशा नहीं रहूँगा; पर मेरे जाने के बाद भी मेरी पुस्तक शेयर बाजार में नए आनेवालों तथा पुराने पैसे गँवानेवालों को आशा की नई किरण दिखाती रहेगी। इसलिए आप धैर्य रखें, पुस्तक के अगले अध्यायों में मैं आपको स्वयं शेयर कैसे पहचानें, इसकी विधि जरूर बताऊँगा।

□

चंदूवाला स्टॉप लॉस या चिंकीवाला स्टॉप लॉस

अभी तक अब्दुल ने अपनी लगन और उत्सुकता से काफी कुछ ग्रहण कर लिया था। उसने मेरी दूसरी पुस्तक "शेयर बाजार में चंदू ने कैसे कमाया और चिंकी ने गँवाया" भी अमेजन से मँगवा ली थी और वह लगातार मेरे ब्लॉग पोस्ट भी पढ़ रहा था।

उसने मेरे ब्लॉग व एप में दिए गए लिंक के अनुसार सबसे पहला शेयर सुपर हाउस लिमिटेड का खरीदा, जिसके बारे में मैंने ब्लॉग पर लिखा था—खरीदने की रेंज 130 से 160 टारगेट 200+ स्टॉप लॉस 200 डी.एम.ए. के 5 प्रतिशत नीचे।

अब्दुल ने जिस समय शेयर खरीदा, उस समय वह 154 पर ट्रेड कर रहा था और उसकी 200 डी.एम.ए. 148.50 रुपए थी। सुपर हाउस महीने भर पहले 175 रुपए पर ट्रेड कर रहा था। अब्दुल बहुत खुश हुआ। उसने सोचा, चलो, 175 का शेयर 154 में मिल रहा है। सर का अनुशंसित शेयर भी है तो इसी से शुरुआत करते हैं।

अब्दुल ने 5000 /154 = 32.47 होने से 32 सुपर हाउस लिमिटेड के शेयर खरीद लिये।

कुछ ही समय पश्चात् उसने देखा, सुपर हाउस 139 पर बंद हो गया। उस समय उसकी 200 दिन की मूविंग एवरेज का 5 प्रतिशत निकालें तो 147.78 का 5 प्रतिशत = 7.39 बनता है।

उसने मेरे ब्लॉग पर स्टॉप लॉस पढ़ा था। 200 दिन की मूविंग एवरेज से 5

प्रतिशत नीचे तो अब सुपर हाउस का मार्केट भाव 147.78 (200 डी.एम.ए.) – 7.39 (5 प्रतिशत) = 140.39 से भी कम 139 रुपए पर था।

अब्दुल मुझ पर आँखें मूँदकर विश्वास करता था, इसलिए उसने स्टॉप लॉस की कड़ाई से पालना की तथा सुपर हाउस के 139 पर बंद होते ही अपने 32 शेयर 138.70 के भाव पर बेचकर 4,438.40 रुपए वापस प्राप्त किए, अर्थात् शेयर बाजार से लाभ के स्थान पर पहला घाटा लगभग 700 रुपए का बुक किया।

लगभग सात दिनों बाद सुपर हाउस का शेयर वापस बढ़कर 160 रुपए पर बंद हो गया, अर्थात् उसकी 200 डी.एम.ए. से 5 प्रतिशत ऊपर बंद हो गया। अब्दुल थोड़ा चिंतित हुआ। यदि वह अब मेरे बताए अनुसार वापस 32 शेयर 160 के भाव पर खरीदता है तो उसे 5,120 का निवेश वापस करना पड़ता है। उसने सोचा, इसकी क्या गारंटी है कि अब शेयर उसकी 200 डी.एम.ए. के 5 प्रतिशत से नीचे वापस बंद नहीं होगा और यदि ऐसा हुआ तो क्या वह बार-बार घाटा ही उठाता रहेगा ?

इससे अब्दुल विचलित हो गया तथा वह सीधे मेरे पास आया। उसने मुझे बताया कि उसे लाभ के स्थान पर पहली बार में ही घाटा हो गया है। आपने तो कहा था कि इस विधि में हमेशा लाभ ही होता है और यदि हम 200 डी.एम.ए. से 5 प्रतिशत नीचे शेयर बेच देंगे तथा वह वापस 200 डी.एम.ए. के 5 प्रतिशत ऊपर बंद हो जाता है, तब वापस खरीदेंगे। तब वह सस्ता खरीद सकते हैं। पर सुपर हाउस के मामले में तो ऐसा नहीं हुआ। मैं बहुत विचलित हूँ। सोच रहा हूँ कि ऐसे तो मैं शेयर बाजार में कभी मुनाफा नहीं कमा सकूँगा।

मैंने अब्दुल की समस्या को ध्यानपूर्वक सुना तथा बताया, "देखो अब्दुल, शेयर बाजार का मूलत: एक ही नियम है—वह है कि अनिश्चितता शेयर बाजार का मूल सिद्धांत है, अर्थात् यहाँ कोई भी प्रणाली या विधि या पद्धति 100 प्रतिशत सही नहीं होती; पर हाँ, हम 80 प्रतिशत सही विधि का यदि चयन कर लेते हैं तो हमें चिंता की कोई बात नहीं होगी।"

अर्थात् मेरी जो 200 डी.एम.ए. के 5 प्रतिशत नीचे स्टॉप लॉस रखनेवाली

विधि है, वह 80 प्रतिशत मामलों में सही जाती है, जैसे कि—

1. वर्ष भर पहले मैंने प्रतिभा इंडस्ट्रीज के शेयर 200 डी.एम.ए. के 5 प्रतिशत नीचे बेचे। तब 200 डी.एम.ए. 25–26 के आसपास थी तथा मेरे द्वारा 32 रुपए पर अभिशंसित प्रतिभा इंडस्ट्रीज का शेयर 22–23 रुपए तक गिरकर उस 200 डी.एम.ए. के 5 प्रतिशत नीचे बंद हो गया। तब मैंने वे शेयर बेचकर बचा हुआ कैश वापस ले लिया। इसके बाद प्रतिभा इंडस्ट्रीज का एक वर्ष से ऊपर समय हो गया। आज तक 200 डी.एम.ए. के ऊपर बंद नहीं हुआ। अभी भी 5–6 रुपए पर ट्रेड कर रहा है। अब उसकी 200 डी.एम.ए. गिरते-गिरते 11–12 हो गई है, अर्थात् अब के यदि प्रतिभा इंडस्ट्रीज का शेयर 200 डी.एम.ए. के 5 प्रतिशत से ऊपर बंद होगा तो वह मेरे बेचने के भाव 22 रुपए से नीचे होगा। ऐसे बहुत से उदाहरण हैं, जब मैंने शेयर 200 डी.एम.ए. के 5 प्रतिशत नीचे पर बेच दिया तथा विक्रय मूल्य के काफी नीचे जाकर उस समय वापस ले लिया, जब वह उसकी 200 डी.एम.ए. के 5 प्रतिशत ऊपर बंद हो गया था। ऐसा 80 प्रतिशत मामलों में हो तो अर्थात् जब हम किसी शेयर को उसकी 200 डी.एम.ए. के 5 प्रतिशत नीचे बंद होने पर बेच देते हैं तो 100 में से 80 शेयरों के मामलों में हमारा निर्णय सही साबित होता है; क्योंकि उसके बाद यह शेयर एक–दो वर्ष तक अंडर परफॉर्म करता रहता है तथा उसके भाव में गिरावट बनी रहती है और जब भी यह 200 डी.एम.ए. के 5 प्रतिशत ऊपर वापस बंद होता है, तब तक चूँकि 200 डी.एम.ए. भी पर्याप्त गिर चुकी होती है, तब हमें शेयर वापस सस्ते में खरीदने का उचित अवसर मिल जाता है; परंतु दुर्भाग्य से, 20 प्रतिशत मामलों में यह रणनीति गलत भी जाती है, जैसा आपके साथ सुपर हाउस के मामले में हुआ।

परंतु 80 प्रतिशत मामलों में शेयर यदि दो–तीन वर्ष तक अंडर परफॉर्म करता है, तब हम कैश का अन्य जगह उपयोग कर सकते हैं तथा ऐसी होल्डिंग

से बच सकते हैं, जो दो-तीन वर्ष तक अनुपयोगी रखी रहे। तब 20 प्रतिशत प्रकरणों में यदि 500-700 का घाटा भी हो जाए तो कोई फर्क नहीं पड़ता।

मैं और भी विस्तार में समझाता हूँ। मान लो, वर्ष भर में आपने 5,000-5,000 के 20 शेयर खरीदकर 1 लाख रुपए का निवेश किया। इनमें से 5 शेयर रीवर्स ट्रेडिंग सिस्टम में आ जाते हैं, अर्थात् अपनी 200 डी.एम.ए. के 5 प्रतिशत से ज्यादा नीचे आ जाते हैं। तब आप इन शेयरों को बेचकर अपनी निवेश की गई राशि 25,000 में से लगभग 20,000 वापस कर लेते हैं।

अब 5 में से 4 शेयर में आपको उतनी ही मात्रा में शेयर कम कीमत लगभग 3,500 में वापस खरीदने में मिल जाते हैं, जितने आपने पहले 5,000 में खरीदे थे तो आप 4x3,500=14,000 के निवेश से 4 शेयर वापस ले लेते हैं। अब एक शेयर यदि तुरंत ऊपर बढ़ जाता है तथा आपको वापस समान मात्रा में शेयर खरीदने के लिए 5,500 रुपए का निवेश भी करना पड़े तो भी आपके 1,400+5,500=19,500 रुपए में ही सभी शेयर वापस आ जाते हैं। यदि आपको अभी भी उक्त रिवर्स ट्रेडिंग सिस्टम समझ में नहीं आ रहा है तथा आप नहीं चाहते हैं कि आप प्रतिदिन शेयरों की 200 डी.एम.ए. पर नजर रखें तो इसकी एक सरल विधि और भी है। वह मेरे ब्लॉग पर जो चंदू की पास्ट परफॉर्मेंस बताई गई है, उसमें भी दी गई है। वह विधि है—स्टॉप लॉस का प्रयोग ही नहीं करना।

कुछ पाठकों के लिए स्टॉप लॉस का प्रयोग नहीं करना चौंकानेवाला हो सकता है, क्योंकि उनका दिल और दिमाग मीडिया से प्रभावित हो गया है, जहाँ सारे स्टॉक मार्केट एक्सपर्ट सारे दिन स्टॉप लॉस का रोना रोते रहते हैं।

परंतु वास्तविकता यह है कि यदि आप पूरी तरह रिसर्च करके मजबूत फंडामेंटल वाली कंपनियों के शेयर खरीदते हैं तो शेयर एक-न-एक दिन मुनाफा दे ही देते हैं। मैं अपने ब्लॉग पर वर्ष 2009 से 2015 तक स्टॉप लॉस का प्रयोग करने की सलाह नहीं देता था और खुद भी प्रयोग नहीं करता था, क्योंकि यदि आप मेरी सलाह के अनुसार अच्छे शेयर खरीदते हैं तथा एक शेयर में छोटी राशि का ही निवेश करते हैं, अर्थात् 5,000 से 10,000 रुपए या उससे भी कम निवेश एक शेयर में करते हैं तो यदि शेयर गिर भी गया

तो आपको ज्यादा-से-ज्यादा घाटा कितना होगा ? 5,000 से 10,000 रुपए आपका वह अधिकतम घाटा है, जब कंपनी पूरी तरह से डूब जाए या व्यापारी ही बंद करके भाग जाए।

आप सोचिए, क्या ऐसा होता है, जब आप अच्छी बिक्रीवाली कंपनी के शेयर खरीदते हैं ? क्या वह कंपनी अपना कारोबार बंद करके भाग जाएगी, जिसकी बिक्री अच्छी है ?

यदि आप छोटी-छोटी राशियों का 40 ऐसी कंपनियों में निवेश करते हैं, जिनकी बिक्री अच्छी है तो आपको साल भर में 40 में से 30 कंपनियों में 20 प्रतिशत से ऊपर मुनाफा कमाने का मौका मिल सकता है तथा जो 10 बचेंगी, उनमें थोड़ा समय भी लगेगा तो आप अगले साल मुनाफा कमा सकते हैं तथा यदि आप 40 में से 35 शेयरों में 20 प्रतिशत से ऊपर मुनाफा कमा लेते हैं तो बचे हुए 5 शेयर यदि शून्य भी हो जाएँगे तो भी आप मुनाफे में ही रहेंगे।

यदि आपको विश्वास नहीं हो रहा तो मेरे ब्लॉग www.maheshkaushik.com पर जाकर आप पिछले चार वर्षों के उदाहरण देख सकते हैं।

याद रखें कि कंपनी की बिक्री वह महत्त्वपूर्ण आँकड़ा है, जो यह सुनिश्चित करता है कि आपकी कंपनी का प्राइस कभी शून्य नहीं होगा तथा यदि शेयर अंडरपरफॉर्म भी करता है तो एक-न-एक दिन वापस मुनाफे में आ जाएगा।

इस अध्याय से हमने क्या सीखा ?

कभी भी एक साथ एक ही शेयर में बड़ी राशि का निवेश नहीं करें।

किसी शेयर में ज्यादा निवेश करना हो तो भी एक बार में लाख-दो लाख के शेयर न खरीदकर प्रतिमाह 5,000 या 10,000 का निवेश करके निवेश बढ़ाएँ। हो सके तो मेरी पुस्तक 'शेयर बाजार में चंदू ने कैसे कमाया और चिंकी ने गँवाया' पढ़ें तथा बड़ा निवेश उसमें बताए तरीके से ही करें।

एक दुकानदार की तरह अपने पोर्टफोलियो में विविध कंपनियों के शेयर

रखें, जैसे एक रिटेल स्टोर में अलग-अलग प्रकार का सामान होता है।

यदि आप छोटा निवेश एक कंपनी में करते हैं तथा कंपनी अच्छी बिक्रीवाली है तो स्टॉप लॉस रखने की आवश्यकता नहीं है।

स्टॉप लॉस केवल उनके लिए है, जो एक साथ ज्यादा बड़ा निवेश करते हैं तथा जिनकी क्षमता नहीं है कि वे गिरते हुए शेयर को होल्ड कर सकें। ऐसे निवेशक मेरा रिवर्स ट्रेडिंग सिस्टम अपनाएँ, अर्थात् जब भी उनका शेयर उसकी 200 डी.एम.ए. के 5 प्रतिशत से ज्यादा नीचे बंद हो जाए तो उसे बेचकर बची हुई राशि अन्य शेयरों में लगाएँ।

जिस शेयर को बेचा था, वह अपने पास काल्पनिक रूप से होल्ड हो, यानी रोज उसकी 200 डी.एम.ए. को चेक करते रहें। जब भी वह वापस 200 डी.एम.ए. के 5 प्रतिशत से ऊपर बंद हो जाए, तब उसी शेयर को वापस खरीदने से 80 प्रतिशत मामलों में हमें वह शेयर उस भाव से भी कम भाव पर मिल जाता है, जिस भाव में हमने उसे बेचा था; साथ ही वापस 200 डी.एम.ए. के ऊपर बंद होना एक प्रकार का ब्रेकआउट है, जिससे शेयर जल्दी ही हमें मुनाफा दे जाता है। इस बार मुनाफे का टारगेट हमें पिछले घाटे की पूर्ति हो जाए, उसके अनुसार थोड़ा ज्यादा ही रखना चाहिए।

जैसे आपने शेयर 100 रुपए पर खरीदा था और आपका आरंभिक टारगेट 20 प्रतिशत बढ़ाकर अर्थात् 120 रुपए था। अब आपका शेयर उसकी 200 डी.एम.ए. से 5 प्रतिशत गिरकर बंद हो जाता है तथा आप उसको 90 रुपए पर बेचकर 10 रुपए प्रति शेयर का नुकसान बुक कर लेते हैं और वापस उसी शेयर को 98 रुपए में खरीदते हैं, तो अब के आपका टारगेट 98 का 20 प्रतिशत बढ़ाकर अर्थात् 117.60 होना चाहिए; पर इसमें पहले का बुक किया नुकसान 10 रुपए प्रति शेयर बढ़ाकर नया टारगेट आपको 127.60 रुपए प्रति शेयर रखना होगा।

आप इतना झंझट नहीं चाहते तो बस सिंपली होल्ड करके रखें और अपना टारगेट आने का इंतजार करें।

□

किसी शेयर को खरीदने से पहले क्या-क्या चेक करें

अब्दुल ने अब यह तय किया कि वह स्टॉप लॉस की चिंता करना छोड़ देगा तथा मेरी विधि से एक कंपनी में 5,000 रुपए का निवेश करके उसको होल्ड करेगा। जब भी कंपनी का शेयर 20 प्रतिशत मुनाफा देगा, तब उसे बेच देगा, अन्यथा होल्ड करेगा।

जब उसने यह बात योगेंद्र को बताई तो योगेंद्र ने उसके मन में फिर से संदेह का बीज बो दिया कि उसके फलाँ-फलाँ दोस्त ने आठ कंपनियों में निवेश किया था। आठ की आठ डूब गईं और डीलिस्ट हो गईं। उस दोस्त ने सारा पैसा गँवा दिया। ऐसा ही तेरे साथ होगा, यदि तू स्टॉप लॉस नहीं रखेगा तो।

सौभाग्य से अब्दुल अब तक काफी समझदार हो चुका था। उसने पूछा, "आपके दोस्त ने क्या देश की सर्वाधिक बिक्रीवाली कंपनियों के शेयर लिये थे?"

योगेश बोला, "अरे, नहीं। उसने तो फटाफट रोडपति बनी कंपनी द्वारा दिए गए टिप्स के अनुसार शेयर लिये थे (यहाँ टाइप मिस्टेक नहीं है। मैंने 'करोड़पति' न लिखकर 'रोडपति' ही लिखा है, क्योंकि ऐसी टिप्स आपको रोड पर ला देती है)।

यह सुनकर अब्दुल हँसा। वह बोला—"योगेंद्र, अपने पिंडवाड़ा में 450 दुकानें हैं। मान लो, प्रत्येक दुकान एक कंपनी है तो उन 450 दुकानों को यदि उनकी वार्षिक बिक्री के आधार पर जमाएँ तो क्या वे टॉप 100 दुकानें, जिनकी

बिक्री पिंडवाड़ा की 450 दुकानों में सबसे ज्यादा है, उनके अपना कारोबार बंद करके भागने की संभावना ज्यादा है या वे आखिर की 50 दुकानें, जिनकी बिक्री सबसे कम है, वे अपना कारोबार बंद कर सकती हैं?"

योगेंद्र बोला, "आखिर की 50 दुकानें, जिनकी बिक्री सबसे कम है, वे अपना कारोबार बंद कर सकती हैं।"

अब्दुल ने कहा, "बिल्कुल यही बात शेयर बाजार पर भी लागू होती है। यहाँ लगभग 3,500 लिस्टेड कंपनियाँ हैं, परंतु उनमें से लगभग 1,000 कंपनियाँ ही ऐसी हैं, जिनकी प्रति शेयर बिक्री उसके मार्केट भाव से ज्यादा है। इसलिए महेश सर ऐसी कंपनियों के ही शेयर खरीदने की सलाह देते हैं, जिनका बाजार भाव उनकी प्रति शेयर बिक्री से कम होता है।"

योगेंद्र बोला, "मैं कुछ समझा नहीं?"

अब्दुल हँसा और बोला, "चलो, अपने महेश सर के पास चलकर ही पूछते हैं कि हमें शेयर खरीदने से पहले किन-किन बातों को ध्यान में रखना चाहिए।"

दोनों मेरे पास आए। चाय पीते-पीते उन्होंने अपनी जिज्ञासा के बारे में पूछा तो मैंने उनको निम्न बिंदु बताए, जो उन्हें किसी भी शेयर को खरीदने से पहले आवश्यक रूप से जाँचने हैं।

(ये बिंदु आप मेरी पुस्तक 'द विनिंग थ्रीयो इन स्टॉक मार्केट' में पहले ही पढ़ चुके हैं।)

प्रति शेयर सालाना बिक्री : एक कंपनी के जितने शेयर हों, उनका भाग उस कंपनी की सालाना बिक्री में देने पर हमें प्रति शेयर सालाना बिक्री प्राप्त होती है।

मान लो कंपनी 'क' की सालाना बिक्री 336.25 करोड़ है और कंपनी के कुल 12.24 करोड़ शेयर हैं तो उसकी प्रति शेयर सालाना बिक्री 336.28 करोड़ (कुल बिक्री) /12.24 करोड़ (टोटल शेयर) = 27.47 है।

अब यदि यह शेयर इस भाव से कम पर मिलता है, अर्थात् 27 रुपए से कम पर मिलता है, तो वह सस्ता मिल रहा है, अन्यथा महँगा मिल रहा

है। यह मेरा सीधा सा गणित है और प्रति शेयर सालाना बिक्री ही मेरा वह पहला पसंदीदा चेक प्वॉइंट है, जिसमें किसी शेयर के मूल्यांकन का सर्वप्रथम अंदाजा लगाता हूँ।

अब इसका अर्थ यह कतई नहीं है कि कंपनी 'क' का शेयर 27 रुपए से ऊपर ट्रेड नहीं करेगा। वह 270 रुपए पर भी आपको ट्रेड करता दिख सकता है और 2,700 पर भी; क्योंकि शेयर मार्केट के भाव कंपनी के फंडामेंटल के अनुसार नहीं होते। वे तो माँग एवं आपूर्ति के अनुसार होते हैं। यदि कंपनी 'क' के शेयरों में खरीदार ज्यादा हैं और बेचने वाले कम हैं तथा खरीदार ज्यादा मूल्य चुकाना चाहते हैं तो मार्केट प्राइस 27 रुपए से कितना भी ऊपर जा सकता है। अतः आप प्रति शेयर सालाना बिक्री से अंदाजा लगा सकते हैं तो आप महँगा खरीद रहे हैं तथा एक-न-एक दिन यदि कंपनी की बिक्री नहीं बढ़ेगी और खरीदार कम हो गए और बेचनेवाले बढ़ गए तो शेयर 27 रुपए से भी नीचे गिर सकता है।

इसलिए मेरी पहली सलाह है कि शेयर को उसकी प्रति शेयर सालाना बिक्री से कम मूल्य पर ही खरीदें।

आज मारुति सुजुकी का शेयर आपको 4,000 पर दिखता है; परंतु वर्ष 2005 में जब यह शेयर 500-600 था, तब उसकी प्रति शेयर बिक्री यह कहानी कह रही थी कि एक दिन मारुति का शेयर नए कीर्तिमान बनाएगा। पर उस समय विशेषज्ञ कह रहे थे कि ऑटो सेक्टर से दूर हैं, क्योंकि कच्चे तेल के दाम बढ़ रहे हैं।

यही कहानी अरविंद लिमिटेड की है। जब अरविंद लिमिटेड 12 रुपए पर था, तब उसकी प्रति शेयर बिक्री 100 रुपए से भी ज्यादा थी; पर विशेषज्ञ 12 रुपए पर कहते थे, इस प्रकार के ऑपरेटर शेयरों से दूर ही रहें। अब अरविंद लिमिटेड 400 के आसपास है, तब विशेषज्ञ इसको खरीदने की सलाह दे रहे हैं।

मुझे इन विशेषज्ञों की भाषा समझ में आती है। दरअसल ये आपको टेक्निकल के आधार पर सलाह देते हैं, जो 15 दिन या 30 दिन की होल्डिंग

के लिए होती है तथा इस प्रकार की तकनीकी एवं चार्ट पर आधारित सलाह का कंपनी की बिक्री व उसके कुल शेयरों से कोई लेना-देना नहीं होता।

200 डी.एम.ए. : यह बहुत ही सरल बिंदु है। कंपनी के पिछले 200 दिनों के बाजार भाव का औसत उसकी 200 डी.एम.ए. कहलाता है।

जब कोई शेयर उसकी 200 डी.एम.ए. के नीचे गिर जाता है तो इसका मतलब यह है कि कंपनी के शेयरों के भाव भी गिर सकते हैं; क्योंकि यदि कंपनी की बिक्री घट रही है या मुनाफा कम होनेवाला है तो कंपनी का तिमाही या वार्षिक परिणाम आने से पहले ही ऐसी खबरें मार्केट में लीक हो जाती हैं और बड़े फंड हाउस, इंस्टीट्यूशन, यहाँ तक कि कभी-कभी कंपनी के प्रमोटर्स भी शेयर बेच रहे होते हैं। तब इस बिक्री के असर से कंपनी का मार्केट प्राइस उसकी 200 डी.एम.ए. से ज्यादा गिर जाता है तो यह उसका संकेत है कि आनेवाले दिनों में शेयर और भी टूट सकता है।

इसका उल्टा भी होता है। यदि कोई शेयर 200 डी.एम.ए. के नीचे काफी समय से ट्रेड कर रहा है तथा 200 डी.एम.ए. के ऊपर बंद हो जाता है तो इसका अर्थ है कि आनेवाले समय में शेयर के भाव बढ़नेवाले हैं।

200 डी.एम.ए. आप मनीकंट्रोल की वेबसाइट पर देख सकते हैं। आप इसकी गणना खुद भी कर सकते हैं। यदि आप मेरे यू-ट्यूब वीडियो धैर्यपूर्वक देखेंगे तो आसानी से सीख जाएँगे।

तो आपने ऐसी कंपनी चुनी, जिसका मार्केट भाव उसकी सालाना प्रति शेयर बिक्री से कम है तो अब उसकी 200 डी.एम.ए. चेक करें और शेयर उसकी 200 डी.एम.ए. के 5 प्रतिशत से 20 प्रतिशत ऊपर ट्रेड कर रहा होना चाहिए।

200 डी.एम.ए. के नीचे ट्रेड कर रहा हो तो इसका अर्थ है कि अभी आपको खरीदने के लिए इंतजार करना चाहिए। 200 डी.एम.ए. के 20 प्रतिशत से ज्यादा ऊपर ट्रेड कर रहा हो तो इसका अर्थ है—शेयर अभी ज्यादा महँगा हो गया है। आपको उसके ठंडा होने का इंतजार करना चाहिए।

प्रमोटर्स की होल्डिंग : आप बी.एस.ई. की वेबसाइट से प्रमोटर्स की

होल्डिंग चेक करें। यदि प्रमोटर्स होल्डिंग घट रही हो तो आप ऐसे शेयर से दूर रहें। बढ़ती हुई प्रमोटर्स होल्डिंग अच्छा संकेत है।

डिविडेंड : अच्छी कंपनियाँ प्रति वर्ष अपने मुनाफे में से कुछ हिस्सा शेयर होल्डरों को लाभांश या डिविडेंड के रूप में बाँटती हैं। यदि आपकी कंपनी पिछले कुछ सालों से लगातार डिविडेंड दे रही है तो यह अच्छा है, क्योंकि आप ऐसी कंपनी को होल्ड रखेंगे, तब आपको डिविडेंड के रूप में अतिरिक्त आय मिलेगी।

पिछले तीन मास की बिक्री देखना न भूलें : कई बार कुछ कंपनियों की बिक्री में अप्रत्याशित गिरावट आ जाती है। आपने पिछले वर्ष की बिक्री के आधार पर अच्छी प्रति शेयर बिक्रीवाला शेयर चयन किया हो, परंतु अचानक कोई घटना होने से कंपनी की बिक्री अप्रत्याशित रूप से कम हो जाती है तो कंपनी की आनेवाले वर्ष की नेट सेल कम हो जाने से उस वर्ष की प्रति शेयर बिक्री भी कम हो सकती है।

जैसे आप अक्तूबर 2017 में कोई शेयर खरीद रहे हैं। उस समय बी.एस.ई. या एन.एस.ई. की वेबसाइट पर जाकर आप वर्ष 2016-17 की प्रति शेयर बिक्री देखते हैं और यह 586.36 करोड़ हो तो जब इसमें चार का भाग देकर हम तीन मास की अनुमानित बिक्री निकालते हैं तो यह 586.36X4 = 146.59 करोड़ के आसपास होनी चाहिए। अब यदि कंपनी की जून त्रैमास की बिक्री 2.40 करोड़ ही हो तो यह स्वाभाविक है कि बिक्री बहुत ज्यादा गिर रही है तथा शेयर बहुत बुरी तरह से गिर सकता है।

यहाँ मैं एक बात और स्पष्ट कर देता हूँ कि यदि कंपनी की बिक्री बढ़ रही है तथा मुनाफा घट भी रहा है तो कोई ज्यादा चिंता नहीं होती, क्योंकि हो सकता है, कंपनी अपने विस्तार प्लान में नया निवेश कर रही हो, उससे मुनाफा घट रहा हो।

संक्षेप में, बिक्री कंपनी की सेहत को मापने का सबसे बड़ा बिंदु है। मैं बिक्री को ज्यादा महत्त्व देता हूँ। मुनाफा एक-दो त्रैमास में घट भी जाए, पर बिक्री घटना बहुत ही चिंता का विषय हो सकता है।

आप आज अपने शहर या कस्बे के बाजार में जाकर देखिए, किस दुकानदार की बिक्री ज्यादा हो रही है। आप बाजार के क्षेत्र विशेष में दिन के अलग-अलग समय दो-तीन चक्कर लगाकर यह अनुमान लगा सकते हैं कि कौन सी दुकान पर कम बिक्री होती है। अब यदि दुकानों को कंपनियाँ मानें तो आप कौन सी दुकान में शेयर लेना चाहेंगे, जिसकी बिक्री बहुत कम है, पर वह ग्राहकों को महँगे दाम में बेचकर मुनाफा ज्यादा कमा रहा है। उस दुकानदार की दुकान में शेयर खरीदना (निवेश करना) उचित है या जिसकी बिक्री बहुत ज्यादा है, परंतु वह उचित मुनाफा लेकर सामान बेच रहा है, उसकी दुकान में निवेश करना उचित है ?

स्वाभाविक रूप से जिसकी बिक्री ज्यादा है, जो उचित मुनाफा ले रहा है, उसकी दुकान में निवेश करना निवेशक को फायदा देगा।

यहाँ एक स्थिति और भी बन सकती है। एक दुकानदार ऐसा है, जिसकी बिक्री बहुत ज्यादा है और वह घाटे में सामान बेच रहा है। तो क्या होगा ?

आपको ऐसे दुकानदार की दुकान में निवेश करने से भी बचना पड़ेगा, क्योंकि वह घाटे में व्यापार कर रहा है। ऐसा कमजोर मैनेजमेंट या ज्यादा कंपिटीशनवाली कंपनियों के साथ हो सकता है, जो घाटे में अपना माल बेचती हैं। ऐसी कंपनियों में भी निवेश करने से आपको बचना होगा।

यहाँ अब्दुल ने मुझे बीच में ही रोक दिया। उसने कहा, "सर, आप मुझे मिलती-जुलती बातों से भ्रमित कर रहे हैं। पाँच मिनट पहले आपने कहा कि यदि कंपनी की बिक्री बढ़ रही है तथा मुनाफा घट रहा है तो कोई ज्यादा चिंता नहीं करनी। हो सकता है, कंपनी अपने विस्तार योजना में निवेश कर रही हो। अब आप कह रहे हैं कि जो कंपनी घाटे में सामान बेच रही हो, उससे बचना चाहिए। तो आप को क्या नहीं लगता कि दोनों बातें विरोधाभासी हैं ?"

मैंने अब्दुल को स्पष्ट किया कि ऐसा नहीं है। मेरे कहने का अर्थ बहुत स्पष्ट है। नीचे दिए गए तीन उदाहरण देखो—

कंपनी-X			
	वर्ष 2016–17 (राशि करोड़ में)	जून 17 त्रैमास	सितंबर 17 त्रैमास
बिक्री	410.17	160.30	170.17
लाभ	37.12	3.45	8.45
कंपनी-Y			
	वर्ष 2016–17 (राशि करोड़ में)	जून 17 त्रैमास	सितंबर 17 त्रैमास
बिक्री	517.43	186.30	210.15
लाभ	86.47	28.10	–36.43
कंपनी-Z			
	वर्ष 2016–17 (राशि करोड़ में)	जून 17 त्रैमास	सितंबर 17 त्रैमास
बिक्री	613.42	220.23	190.23
लाभ	(–)100.30	–86.32	–95.37

यहाँ कंपनी X की स्थिति जैसी स्थिति हो तो कोई चिंता की बात नहीं है, क्योंकि कंपनी की बिक्री बढ़ रही है। मुनाफा कुछ घट भी रहा है तो कंपनी कवर भी कर रही है।

ये वे उदाहरण हैं, जहाँ मैं मान रहा हूँ कि विस्तार के कारणों से मुनाफा कुछ घट रहा होगा। यहाँ यदि बिंदु जैसे 200 डी.एम.ए. से ऊपर बंद होना, प्रमोटर्स होल्डिंग का स्थिर रहना या बढ़ना, डिविडेंडपेयी कंपनी होना सही हो तो निवेश कर सकते हैं।

कंपनी Y में भी लगभग ऐसी ही स्थिति है, जहाँ बिक्री बढ़ रही है, पर मुनाफा एकदम से घाटे में बदल गया है। यहाँ आपको शेयर खरीदना समझदारी नहीं है। यहाँ भी हो सकता है, कंपनी की बैलेंस शीट में नुकसान उसकी विस्तार

योजना के कारण ही आया हो; पर मार्केट में ऐसे लोगों की कमी नहीं है, जो प्रॉफिट से लॉस में आनेवाली कंपनी को कतई पसंद नहीं करते और मार्केट एक्सपर्ट तथा मीडिया भी ऐसी कंपनी की नकारात्मक छवि बताएँगे तो कंपनी Y के शेयरों के भाव इस बिक्री के दबाब तथा नकारात्मक छवि बनने के कारण कम हो सकते हैं और आपको इसके शेयर आगे कम दामों में मिल सकते हैं।

कंपनी Z की बैलेंस शीट का स्पष्ट उदाहरण है, जहाँ कंपनी लगातार अपने मुनाफे का प्रबंधन करने में नाकामयाब रही है। इसमें और भी गिरावट देखने को मिल सकती है।

बेस प्राइस या आधार मूल्य : आप बाजार में कोई फ्रिज लेने जाते हैं तो आपको फ्रिज के दाम का अनुमान होता है कि एक मध्यम आकार का अच्छी कंपनी का फ्रिज 10 से 15 हजार में मिल जाएगा।

अब दुकानदार उस फ्रिज के आपसे 70 हजार रुपए माँगता है तो क्या आप उसे 70 हजार देकर फ्रिज ले लेंगे ?

आप नहीं लेंगे; पर हमारे शेयर बाजार में भोले-भाले निवेशक ऐसे शेयर ले लेते हैं, क्योंकि उनको फ्रिज के दाम की तरह उस शेयर के बेस प्राइस या आधार मूल्य का अनुमान नहीं होता।

तो आप भी शेयर के उसके पिछले तीन सालों का औसत मूल्य निकालकर उसके बेस प्राइस या आधार मूल्य का अनुमान लगा सकते हैं। जैसे एक शेयर का तीन साल के भावों का औसत मूल्य 180.40 रुपए है। वह शेयर 583.60 पर ट्रेड कर रहा है। आप उसको ले लेते हैं तथा मार्केट में थोड़ी गिरावट आने पर वह शेयर गिरकर 240-245 पर आ जाता है। तो क्या आपको रोने-पीटने, मार्केट को कोसने, टिप देनेवाले को गालियाँ निकालने का अधिकार है ?

बिल्कुल नहीं। गलती आपकी थी। आपने शेयर के तीन सालों के औसत मूल्य के बहुत ऊपर शेयर ले लिया था।

तो शेयर किस दाम पर लें ?

आप या तो बेस प्राइस के आसपास ही शेयर लें या ज्यादा-से-ज्यादा बेस प्राइस के 20 प्रतिशत नीचे तक लें (उससे ज्यादा गिरना भी गलत है।

उससे ज्यादा गिरता है तो ऐसा संभव है कि कंपनी में कोई बहुत बड़ा मूलभूत परिवर्तन हो रहा हो, जो जोखिम भरा हो सकता है) या बेस प्राइस के 20 प्रतिशत ऊपर तक आप किसी भी शेयर को लें। अपनी वेबसाइट पर मैं कोई भी शेयर इस शर्त के पूरा करने पर ही अभिशंसित करता हूँ।

यहाँ पहले मैं आपको यह समझाता हूँ कि बेस प्राइस की गणना कैसे करते हैं।

बेस प्राइस की गणना बहुत ही आसान है। इसके लिए आप निम्नलिखित चरण अपनाएँ—

अपने ब्राउजर में www.bseindia.com खोलें।

अपना शेयर दाएँ हाथ की तरफ बने सर्च बॉक्स की सहायता से सर्च करें।

शेयर के हिस्टोरिकल प्राइस डाटा एक्सल शीट में डाउनलोड करें।

आपको यदि उपर्युक्त चरण समझने में दिक्कत आ रही हो तो आप यू-ट्यूब पर मेरे वीडियो देखकर इन चरणों को समझ सकते हैं।

उक्त हिस्टोरिकल प्राइस डाटा आखिरी तीन सालों के डाउनलोड करने हैं।

अब तीन सालों के क्लोज प्राइस का योग करके उसमें कुछ दिनों की संख्या का भाग देंगे तो बेस प्राइस या आधार मूल्य आ जाएगा। मेरे यू-ट्यूब चैनल पर बेस प्राइस की गणना करने का और हिस्टोरिकल प्राइस डाउनलोड करने का—दोनों के वीडियो उपलब्ध हैं। आप वहाँ से देख सकते हैं।

यदि कंपनी ने पिछले तीन सालों में बोनस दिया हो या उसकी फेस वैल्यू कम हुई हो तो आपको बेस प्राइस गणना करते समय बोनस से पहले भावों को या फेस वैल्यू कम होने से पहले के बाजार भावों को तदनुसार समायोजित भी करना होगा।

उदाहरण के लिए, एस.बी.आई. के 10 रुपए फेस वैल्यूवाले शेयर का बाजार भाव 1,280 रुपए है तथा वह 10 रुपए से 2 रुपए फेस वैल्यू का शेयर हो जाता है।

अब्दुल बोला, "मेरी कुछ समझ में नहीं आ रहा है। सर, यह क्या गड़बड़झाला है—10 रुपए से 2 रुपए फेस वैल्यू का क्या अर्थ है? पहली

बात तो मैं यह भी नहीं जानता कि फेस वैल्यू क्या होती है?"

मैंने कहा, "मैं फेस वैल्यू के बारे में भी बताता हूँ। पहले यह कहानी पूरी कर दूँ कि एस.बी.आई. का शेयर जब 10 रुपए फेस वैल्यू से 2 रुपए का हुआ तो निवेशकों के पास जो 10 रुपए फेस वैल्यू का 1 शेयर था, उसके बदले में उनको 2 रुपए फेस वैल्यू के 5 शेयर दिए गए।"

यह उसी प्रकार है, जैसे आप 10 का नोट छुट्टा करवाकर बाजार से 2-2 के 5 सिक्के ले लेते हैं।

तो अब उन 5 शेयरों का बाजार भाव फेस वैल्यू कम होने के बाद 1,280 के स्थान पर 1,280/5=256 रुपए हो जाएगा। इसलिए आपको एस.बी.आई. के बेस प्राइस की गणना करते समय फेस वैल्यू कम होने से पहले के भावों में 5 का भाग देकर गणना करनी पड़ेगी। ऐसा ही बोनस के मामलों में भी करना पड़ेगा।

अब मैं फेस वैल्यू के बारे में बताता हूँ।

फेस वैल्यू का अर्थ वह हिस्सा राशि होता है, जो आपकी कंपनी में वास्तविक हिस्सेदारी है। जैसे आप कोई शेयर 1,417 रुपए में खरीदते हैं, जिसकी फेस वैल्यू 1 रुपया है तो कंपनी में आपकी वास्तविक हिस्सा पूँजी 1 रुपया ही है। आप पूछेंगे कि 1,416 रुपए कहाँ गए? असल में, किसी शेयर का मार्केट प्राइस दो कारकों से मिलकर बनता है :

मार्केट प्राइस = फेस वैल्यू + प्रीमियम। इस प्रकरण में 1 रुपया फेस वैल्यू और 1,416 रुपए प्रीमियम है। प्रीमियम का अर्थ क्या है? प्रीमियम वह अतिरिक्त धनराशि है, जो आप शेयर बेचनेवाले को चुकाते हैं।

शेयर विक्रेता किसी अच्छी कंपनी का शेयर, जिसकी फेस वैल्यू 1 रुपया है, आपको 1 रुपए में क्यों बेचेगा? वह उस पर अतिरिक्त धन राशि माँगता है, तो प्रीमियम कम-ज्यादा होने से बाजार में शेयरों के प्राइस घटते और बढ़ते हैं।

तो अब आप समझ गए होंगे कि जैसे एक कंपनी ने सिर्फ 1,000 टी-शर्ट्स बना लीं और सबको प्रति टी-शर्ट 100-100 रुपए में दे दी तो टी-शर्ट की फेस वैल्यू 100 रुपए है। पर टी-शर्ट इतनी आकर्षक है कि आप उसको

खरीदना चाहते हैं तो जिसने कंपनी से 100 रुपए में टी-शर्ट ली थी, वह उसको कहता है कि यदि आप मुझे 800 रुपए दो, अर्थात् 100 टी-शर्ट का वास्तविक हिस्सा (शेयर बाजार की भाषा में वास्तविक हिस्सा पूँजी या फेस वैल्यू) तथा 700 रुपए प्रीमियम दो तो वह अपनी टी-शर्ट आपको बेच सकता है।

यही खेल शेयर मार्केट में चलता है। जब किसी शेयर को बेचनेवाले कम और खरीदार ज्यादा होते हैं तथा खरीदने के लिए ज्यादा प्रीमियम चुकाते हैं तो शेयर का भाव बढ़ जाता है तथा इसके विपरीत होने पर अर्थात् खरीदनेवाले कम हों, बेचनेवाले ज्यादा हों तथा कम प्रीमियम पर भी शेयर बेचना चाहते हों तो शेयर का भाव कम हो जाएगा।

यही कारण है कि शेयर बाजार इतना अनिश्चित होता है, क्योंकि प्रीमियम निर्धारण का एक ही नियम है—'माँग और आपूर्ति'। इसलिए शेयरों के भाव किसी भी स्तर तक गिर सकते हैं और किसी भी स्तर तक बढ़ सकते हैं।

अब अब्दुल काफी समझदार हो गया था और वह समझ चुका था कि यदि वह उक्त बिंदुओं को ध्यान में रखकर शेयर खरीदेगा तथा एक शेयर में छोटी धनराशि का निवेश ही करेगा तो उसको ज्यादा चिंता करने की या तनावग्रस्त होने की कोई आवश्यकता नहीं है। वह ऐसी कंपनियों को आराम से होल्ड कर सकता है तथा होल्डिंग के समय में डिविडेंड से आय प्राप्त कर सकता है। बीच में यदि प्रीमियम कम भी हो जाए तो वह समझेगा कि कभी माँग बढ़ने पर प्रीमियम ज्यादा भी हो जाएगा। इसलिए यदि वह स्टॉप लॉस नहीं रखेगा तो मार्केट के दिन-प्रतिदिन के उतार-चढ़ाव की चिंता नहीं करेगा और यदि वह 100 बार 20 प्रतिशत मुनाफा बुक कर लेता है तो उसकी आय 5,000x100=5,00,000 का 20 प्रतिशत=1,00,000 रुपए होगी। उसमें यदि 5,000 की पाँच कंपनियों के शेयर पूरी तरह शून्य भी हो गए तो उसको 25,000 का ही घाटा होगा। फिर भी, वह 75,000 रुपए तो लाभ में ही रहेगा और यदि उपर्युक्त बिंदुओं को ध्यान में रखकर ज्यादा बिक्रीवाले शेयर लिये जाते हैं तो उनके शून्य होने की संभावना न के बराबर ही होगी।

इस अध्याय से हमने क्या सीखा ?

शेयर खरीदने के लिए हमें रोज 1 से 2 घंटा मेहनत करके अच्छे शेयरों को छाँटना चाहिए, जिनकी प्रति शेयर बिक्री अच्छी हो। प्रति शेयर बिक्री की गणना करना कोई मुश्किल काम नहीं है। यू-ट्यूब पर मेरे वीडियो को सर्च करके आप आसानी से प्रति शेयर बिक्री की गणना सीख सकते हैं।

आपको शेयर के पिछले तीन वर्ष के औसत मूल्य की जानकारी होनी चाहिए, जिसे मैं 'बेस प्राइस' कहता हूँ। इस बेस प्राइस के 20 प्रतिशत ऊपर या 20 प्रतिशत नीचे ही आपको शेयर खरीदने चाहिए।

तकनीकी रूप से आपको जो शेयर उसके 200 दिन के औसत, जिसे मार्केट में 200 डी.एम.ए. कहते हैं, से 5 से 15 प्रतिशत ऊपर ट्रेड कर रहा हो, उसे ही लेना चाहिए।

□

अब्दुल का पहला डिविडेंड

एक बार अब्दुल ने BASF इंडिया लि. के 3 शेयर 1,499 रुपए प्रति शेयर के भाव से लेकर 1,499x3=4,497 रुपए का निवेश किया।

उसने पढ़ा कि उसकी कंपनी ने 10 प्रतिशत डिविडेंड घोषित किया है तो वह सारी रात ख्वाब देखता रहा कि यह तो बहुत मजेदार है। घर बैठे 4,497 का 10 प्रतिशत = 449.70 रुपए तो डिविडेंड ही आ गया, बाद में शेयर बेचकर मुनाफा कमा लेंगे, वह अलग होगा।

कुछ ही दिनों में उसके खाते में ई.सी.एस. से 3 रुपए डिविडेंड जमा हो गया। वह बहुत आश्चर्यचकित हुआ कि कंपनी ने 10 प्रतिशत डिविडेंड घोषित किया है, ऐसा अखबार में छपा था, फिर उसको 3 रुपए डिविडेंड ही क्यों मिला?

अब्दुल ने मुझसे इस बाबत जानकारी चाही तो मैंने उसे बताया कि ऐसा ही एक बार मेरे बॉस के साथ भी हुआ था। मैं तहसील ऑफिस में काम करता हूँ। मेरे ऑफिस के बॉस को तहसीलदार कहते हैं। एक बार एक तहसीलदार साहब को शेयरों में निवेश करने का नया-नया चस्का लगा था। यह बात वर्ष 2007 की है। तब कई नए निवेशक पैदा हो गए थे।

उस समय डिविडेंड ई.सी.एस. से सीधे बैंक खाते में नहीं आता था। उस समय चेक से डिविडेंड का भुगतान होता था। मेरे तहसीलदार साहब के पास एक कंपनी के 100 शेयर थे, जो उन्होंने 180 रुपए प्रति शेयर के भाव से 18,000 रुपए में लिये थे। जब कंपनी ने 10 प्रतिशत डिविडेंड घोषित किया तो उन्हें पता नहीं चला, क्योंकि तहसीलदार की सेवा प्रशासनिक सेवा होती है।

उन्हें बहुत व्यस्त रहना पड़ता है। इसलिए उनके पास इतना समय नहीं होता कि वे मार्केट की न्यूज पर ध्यान रख सकें। तब एंड्रॉइड फोन भी नहीं होते थे। टेलीविजन और अखबार या बिजनेस पत्रिकाएँ ही शेयर बाजार की खबरों के स्रोत होते थे। इसलिए यह पता ही नहीं चल पाता था कि किस कंपनी ने कितना प्रतिशत डिविडेंड घोषित किया है।

चलिए, एक दिन तहसीलदार साहब को रजिस्टर्ड डाक से कंपनी की तरफ से एक आकर्षक लिफाफा मिला। उसमें से एक चेक निकला, जो उनके शेयर बिजनेस (निवेश) का पहला डिविडेंड था। मुझे नहीं पता था कि चेक देखकर उनको कितनी खुशी हुई होगी, पर चेक में अंकित रकम देखकर उनके होश फाख्ता हो गए।

दरअसल चेक मात्र 10 रुपए का था। उसके साथ अंग्रेजी में लिखा पत्र था कि "प्रिय निवेशक, कंपनी ने 10 प्रतिशत डिविडेंड घोषित किया है, जो आपको भिजवा रहे हैं।" तहसीलदारजी ने तुरंत गणना कर ली कि यह बहुत बड़ी मिस्टेक हुई है। 18,000 रुपए के शेयर थे उनके पास, इसलिए 1,800 रुपए मिलने थे, पर गलती से 10 रुपए का चेक जारी हो गया।

वे बहुत झल्लाए। टेलीफोन का रिसीवर भी उन्होंने इतनी जोर से पटका कि वह टूटते-टूटते बचा; क्योंकि जब चेक उनके हाथ में आया था, तब वे किसी को फोन कर रहे थे। वे झल्लाकर बोले कि "यह इंडिया है। इसका कुछ नहीं हो सकता।" फिर पास खड़े चपरासी को डपटकर बोले, "टी.आर.ए. साहब को बुलाओ।" टी.आर.ए. साहब माने मैं, इस पुस्तक का लेखक महेश चंद्र कौशिक, जो टी.आर.ए. के पद पर हूँ।

चपरासी मुझसे आकर बोला, "साहब बहुत गुस्से में हैं तथा कह रहे हैं—यह इंडिया है, इसका कुछ नहीं हो सकता, इसलिए टी.आर.ए. साहब को बुलाओ।"

दरअसल मैं भी उस समय तहसील में बने एक छोटे से सरकारी क्वार्टर में रहता था, जिसकी छत टपकती थी (उस क्वार्टर को अब मैंने छोड़ दिया है। अब मेरे पास उस ऊपरवाले सर्वशक्तिमान मालिक की कृपा से दो मंजिल

का ए.सी. बँगला है, पर उस क्वार्टर की छत की मरम्मत दस वर्ष बाद आज भी नहीं हुई है। मुझे बड़ा दुःख होता है कि हमारा सरकारी तंत्र इतना लाचार क्यों है ?) तहसीलदारजी को शेयर बाजार की बीमारी मेरे कारण ही लगी थी, क्योंकि उस समय कंपनियों की वार्षिक व तिमाही रिपोर्ट, डिविडेंड सब डाक से आते थे। इसलिए जितनी तहसील की डाक नहीं आती, उतनी डाक मेरी आती थी, जिससे तहसीलदारजी ने मुझसे कारण पूछा कि ये बड़ी-बड़ी रंग-बिरंगी अंग्रेजी की पुस्तकें व चेकों के लिफाफे कहाँ से आते हैं ? तब मैंने उनको थोड़ा शेयर बाजार की प्रारंभिक जानकारी दे दी थी। उनको भी लगा कि निवेश करने का यह माध्यम अच्छा है।

इसलिए तहसीलदारजी ने मुझे जानकार समझकर बुलाया था, ताकि वे मुझसे इस गलती के बारे में राय ले सकें। मेरे पहुँचते ही उन्होंने मेरे हाथ में वह चेक थमा दिया और बोले, "यह क्या है ?"

"यह दस रुपए का चेक है, सर।" मैंने जवाब दिया।

"वह तो मुझे भी पता है, परंतु कंपनीवालों को शर्म नहीं आई दस रुपए का चेक देते हुए ?" उन्होंने मुझसे पूछा।

मैं शायद पिछले जन्म में अच्छे पुण्य करके मरा होऊँगा, इसलिए भगवान् ने मुझे कुशाग्र बुद्धि का वरदान दिया है। मैंने चेक तथा साथ में आए पत्र पर निगाह डाली तो मुझे सारा माजरा समझ में आ गया।

उस कंपनी का शेयर तब भी 180 रुपए के आसपास ट्रेड कर रहा था। इसलिए मैंने जवाब दिया, "सर, आपको भी तो शर्म नहीं आई 1 रुपए का शेयर 180 रुपए में खरीदते हुए।"

यद्यपि तहसीलदारजी ने मुझे खा जानेवाली शेर जैसी निगाहों से देखा, पर वे मेरी स्पष्टवादिता, ईमानदारी, निर्भीकता, ज्ञान आदि कई बातों से प्रभावित थे। इसलिए उन्होंने मेरा शिकार नहीं किया। वे बोले, "क्या बकवास करते हो ! मैंने 1 रुपए का शेयर 180 रुपए में कब लिया है ?"

तब मैंने उनको समझाया कि उन्होंने 1 रुपए फेस वैल्यू का शेयर 179 रुपए प्रीमियम देकर 180 रुपए में खरीदा था, इसलिए कंपनी में उनकी

वास्तविक हिस्सा पूँजी 1 रुपया प्रति शेयर ही थी। 179 रुपए तो उस विक्रेता का प्रीमियम था, जिसने शेयर बेचा था (इस बारे में पिछले अध्याय में आपको विस्तार से जानकारी दी गई है)। इसलिए 1 रुपए का 10 प्रतिशत डिविडेंड अर्थात् 0.10 रुपए 1 शेयर का डिविडेंड था, जो 100 शेयर का सिर्फ 10 रुपए ही बना।

अब अब्दुल के भी समझ में बात आ गई थी कि उसने जो 1,499 रुपए का शेयर लिया, उसकी फेस वैल्यू 10 रुपए तथा 1,489 रुपए प्रीमियम था। इसलिए उसको 10 रुपए का 10 प्रतिशत अर्थात् 1 रुपए प्रति शेयर डिविडेंड मिलने से 3 शेयरों के 3 रुपए मिले थे।

मैं आशा करता हूँ कि आपको यह कहानी पढ़ने में मजा आ रहा होगा। मेरा उद्देश्य भी यही है कि शेयर बाजार के गूढ़ सिद्धांतों को बच्चों की तरह कहानी में पढ़ाकर एक ऐसे ग्रंथ की रचना करना, जो सबको मार्गदर्शन दे सके।

भगवान् आपका भला करे, इस कामना के साथ मैं इस अध्याय की लेखनी को विराम देता हूँ।

इस अध्याय से हमने क्या सीखा ?

- डिविडेंड शेयर की फेस वैल्यू के अनुसार मिलता है।
- शेयर खरीदते समय ध्यान दें कि आप उसका कितना प्रीमियम दे रहे हैं। क्या कंपनी इस प्रीमियम की हकदार है ?
- हमेशा डिविडेंड देनेवाली कंपनियों के शेयर ही लेने की कोशिश करें। डिविडेंड भले ही आपको कम लगे, पर इससे ब्रोकेज की पूर्ति हो सकती है। कंपनी का शेयर आप जितने दिन होल्ड करते हैं, उतने दिन के ब्याज की पूर्ति हो सकती है। आपको यह लगेगा कि मैं जिस कंपनी को होल्ड कर रहा हूँ, उसके मुनाफे से मुझे हिस्सा मिल रहा है।

□

राव साहब का फ्यूचर एंड ऑप्शन

अब्दुल के दिन बड़े अच्छे चल रहे थे। वह अपनी आय का 10 प्रतिशत बचा रहा था, जिससे 'बेबीलोन का सबसे अमीर आदमी' पुस्तक में बताए गए धन के नियम के हिसाब से उसकी आय भी बढ़ रही थी और वह शेयर खरीदता तथा 20 प्रतिशत मुनाफा होने पर बेच देता।

आपको यह जानना बहुत जरूरी है कि 'बेबीलोन का सबसे अमीर आदमी' पुस्तक में बताए गए सिद्धांतों के अनुसार जब आप अपनी आय का 10 प्रतिशत हिस्सा धन कमाने के लिए अलग रखने लगते हैं तो आपकी आय कैसे जादुई तरीके से बढ़ सकती है! इसका सबसे बड़ा उदाहरण मेरा नया कंप्यूटर ऑपरेटर भी बन गया है। मैंने हाल ही में एक कंप्यूटर ऑपरेटर हरीश प्रजापत की सेवाएँ इस पुस्तक को टाइप करने में लीं। उसने जब पुस्तक के शुरुआती भागों को टाइप किया तो उसकी रुचि भी 'बेबीलोन का अमीर आदमी' पुस्तक में जाग गई।

उसने कहा कि मैं उसके लिए वह पुस्तक मँगवा दूँ, क्योंकि उसको ऑनलाइन पुस्तकें मँगवानी नहीं आतीं। वह अपनी तनख्वाह में से 'बेबीलोन का सबसे अमीर आदमी' पुस्तक का मूल्य 180 रुपए कटवाने के लिए सहमत है।

उसकी लगन देखकर मैंने उससे पूछा, "पुस्तक पढ़ने से योगेंद्र तो करोड़पति नहीं बना?" उसने कहा, "मैं कहानी टाइप करते-करते सबकुछ समझ गया हूँ कि केवल पुस्तक पढ़ने से वह धनवान् नहीं बनेगा; पुस्तक को जीवन में उतारने से धनवान् बनेगा।"

मैंने उसकी बातों से प्रभावित होकर पुस्तक उसे भेंट कर दी। उसने उसी समय से, मैं उसे जो भी पारिश्रमिक देता, उसका 10 प्रतिशत बचाना शुरू कर

दिया। देखते-ही-देखते नगरपालिका में उसकी नौकरी लग गई। उसको लहँगे सिलने का काम मिल गया। उसको बैंकों में फोटोस्टेट करने का ठेका मिल गया। अब वह पैन कार्ड व जी.एस.टी. के लिए आवेदन कर रहा है, क्योंकि जी.एस.टी. नंबर से वह अमेजन पर ऑनलाइन लहँगे बेचना चाहता है तथा पैन कार्ड डीमेट खाते के लिए उसे चाहिए। अभी भी यह पुस्तक वह ही टाइप कर रहा था। वह छुट्टी के दिन आकर टाइप का कार्य करता है।

उसे पूरा विश्वास हो गया है कि 'बेबीलोन का सबसे अमीर आदमी' पुस्तक पढ़ने के अनुसार आय का 10 प्रतिशत बचाने से आय भी बढ़ जाती है।

तो अब्दुल की आय भी बढ़ रही थी; पर इस बीच एक घटना हो गई। हमारे कस्बे में एक राव साहब थे। उन्होंने किराए की एक दुकान लेकर एक बहुत शानदार ऑफिस खोल लिया, जिसमें वे एक घूमनेवाली कुरसी (रिवॉल्विंग चेयर) पर बैठकर कंप्यूटर पर कुछ टप-टप करते रहते थे।

श्री राव साहब मुंबई में ऑटो पार्ट्स का बहुत अच्छा धंधा करते थे, जिससे उनके पास लगभग 6 लाख रुपए जमा हो गए थे। इस बीच शेयर बाजार बहुत ज्यादा बढ़ गया। राव साहब ने अपने दोस्तों से पूछा कि यह शेयर बाजार क्या है, भाई ? उन्होंने बताया कि यह बहुत ही आसान है। इसको 'फ्यूचर एंड ऑप्शन' का धंधा कहते हैं। इसमें एक ही दिन में आप 40 से 50 हजार रुपए कमा सकते हैं।

राव साहब ने सोचा कि यह धंधा तो बहुत अच्छा है। वह व्यर्थ ही अपना घर छोड़कर (मैं यह कहानी राजस्थान में बैठकर लिख रहा हूँ। राव साहब का घर राजस्थान में सिरोही जिले में है, जिसे मुंबई में 'मारवाड़' कहते हैं तथा सिरोही, पाली, जालोर, मारवाड़ जंक्शन के निवासियों को मुंबई में 'मारवाड़ी' कहते हैं।) यहाँ मुंबई की लोकल ट्रेनों में धक्के खा रहा हूँ। असल में, ऑटो पार्ट्स के ऑर्डर लेने और माल डिलीवरी करने में राव साहब को काफी पापड़ बेलने पड़ते थे। हालाँकि उनका मार्जिन अच्छा-खासा था। वे पाँच साल के धंधे में ही 6 लाख रुपए जमा कर चुके थे और इन 6 लाख रुपयों से कोई ऐसा बिजनेस करना चाहते थे कि 'हींग लगे न फिटकरी, रंग आए चोखा' और आज उन पर भगवान् की कृपा हो गई, ऐसा उनको लगा। राव साहब ने अपने मित्र

से मिन्नत की, "भाई, यह 'एफ. एंड ओ.' वाला धंधा मुझे भी सीखा दो।"

मित्र बोला, "जरूर, इसमें ज्यादा मेहनत भी नहीं है। देखो, इसमें सीधा सा गणित है—सस्ते में शेयरों का सौदा करो, महँगे में बेच दो।"

"वह तो हर व्यापार में है। बात मेरी समझ में आ गई।" "जैसे देखो, हिंडालको एक कंपनी है। इसके शेयर फ्यूचर एंड ऑप्शन में ट्रेड करते हैं। इसके एक शेयर का मूल्य 200 रुपए के लगभग है तथा हिंडालको के 3,500 शेयरों का फ्यूचर एंड ऑप्शन में एक लॉट है।"

"लॉट का क्या अर्थ है ?" राव साहब ने पूछा।

"लॉट का अर्थ है—वह न्यूनतम शेयरों की संख्या, जो फ्यूचर एंड ऑप्शन में ट्रेड करती है। दरअसल सेबी (SEBI) नहीं चाहती कि छोटे निवेशक फ्यूचर एंड ऑप्शन में ट्रेड करके अपनी छाटी धनराशि गँवा बैठे। इसलिए मार्केट में वर्तमान में ऐसे नियम हैं कि फ्यूचर एंड ऑप्शन का कोई भी लॉट 5 लाख रुपए से कम आकार का नहीं होना चाहिए। जैसे हिंडालको के शेयर का वर्तमान मूल्य 200 रुपए प्रति शेयर है और इसके लॉट की साइज 3,500 शेयर है तो पूरे लॉट का मूल्य 3,500x200=7,00,000 (7 लाख रुपए) हुआ।"

"तो इसमें मुनाफा कैसे होता है ?" राव साहब ने जानना चाहा।

"बहुत सिंपल। यह दो-तीन दिन से देख रहा हूँ। हिंडालको का शेयर 198 रुपए से कम नहीं होता। 215 से ऊपर नहीं होता तो मैं शेयर में क्या करता हूँ, 200 रुपए के आसपास एक लॉट फ्यूचर में खरीद लेता हूँ, अर्थात् 7,00,000 रुपए के शेयर खरीदता हूँ। पर वास्तव में, इसके लिए 1,40,000 रुपए ही चुकाता हूँ, क्योंकि मेरा ब्रोकर 20 प्रतिशत मार्जिन पर फ्यूचर में ट्रेड करने की सुविधा दे देता है।

"अब शेयर जैसे ही 210 रुपए पर आता है, मैं उसे बेच देता हूँ तथा मुझे एक ही दिन में 3,500 शेयरों पर 3,500x10=35,000 रुपए का मुनाफा सिर्फ 1,40,000 के निवेश पर हो जाता है।"

बस राव साहब समझ गए। मुंबई से अपना धंधा समेटकर उन्होंने ऑफिस खोल लिया और फ्यूचर में दाँव आजमाने लगे।

अब्दुल ने जब राव साहब का एयर कंडीशंड ऑफिस देखा और उनकी कमाई के बारे में सुना तो वह रोमांचित हो उठा! कहाँ मैं महेश सर के बताए अनुसार एक शेयर में 7,000 रुपए डालकर मुश्किल से दो-तीन महीने होल्ड रखकर 1,400 रुपए कमाता हूँ, कहाँ राव साहब 1 घंटे में 35,000 रुपए छाप रहे हैं! उसने निर्णय लिया कि वह इस बारे में मुझसे जरूर पूछेगा।

जब अब्दुल मुझसे मिला तो उसने ललचाई आँखों से मुझे फ्यूचर एंड ऑप्शन के बारे में ऐसे समझाया कि देखनेवालों को लगता कि मैं उससे शेयर बाजार के गुर सीख रहा हूँ। वह मेरा उस्ताद है, मैं उसका चेला हूँ।

उससे एफ एंड ओ में मुनाफा कमाने का सरल गणित सुनकर पहले तो मैं खूब हँसा, फिर उसको बताया, "अब्दुल, राव साहब का ऑफिस चार-छह महीने में बंद होनेवाला है। वे वापस मुंबई जाएँगे और भविष्य में शेयर बाजार के नाम से भी चिढ़ने लगेंगे।"

अब्दुल ने जब राव साहब को बताया कि उसके उस्ताद ने कहा है कि वे एक-दो महीने में यह दुकान बंद करके वापस मुंबई चले जाएँगे तो राव साहब आगबबूला हो उठे। बोले, "कौन, वह महेश चंद्र कौशिक! वह तो बेवकूफ है···(राव साहब ने असंस्कारित भाषा का प्रयोग किया, जो मैंने··· के रूप में लिखी है। आप स्वयं सोच लें) अपने आप को शेयर बाजार का तीस मार खाँ समझता है।

"कहते हैं कि एक बार एक चूहे को हल्दी की गाँठ मिल गई थी और वह अपने आप को बहुत बड़ा पंसारी समझ बैठा था।

"मुझे तो उस···की बातें ही मूर्खतापूर्ण लगती हैं। कहता है, 'फ्यूचर एंड ऑप्शन छोटे निवेशकों के लिए नहीं बना है।' इंटराडे में कभी किसी को अमीर बनते नहीं देखा तो मार्केट में जो फ्यूचर एंड ऑप्शन व इंटराडे में रिटेल निवेशकों की जो इतनी टर्न-ओवर होती है, वह उसका बाप करता है क्या ?···"

अब्दुल को बहुत गुस्सा आ रहा था। वह टैक्सी स्टैंड पर तो कई ड्राइवरों से हाथापाई तक कर चुका था। टैक्सी स्टैंड पर छोटे-मोटे ड्राइवर तो उसके नाम से डरते थे। पर इतना गुस्सा आने पर भी वह पी गया, क्योंकि वह जिस

अखबार की टैक्सी चलाता था, वे अखबारवाले अपनी टैक्सी पर चरित्र सत्यापन करवाकर ही ड्राइवर रखते थे। इसलिए उसने सोचा कि वह उसके उस्ताद के बारे में अपशब्द बोलने पर इन साहब को दो-चार जड़ देगा तो खामख्वाह उस पर केस हो जाएगा।

अब्दुल को मैंने भी समय-समय पर शिक्षा दी थी कि वह गुस्सा कम करे। कोई भी व्यक्ति किसी का शत्रु नहीं होता। असल में, हर व्यक्ति का अपना एक नजरिया होता है। जिसमें जितनी समझ होती है, उस हिसाब से ही वह बातें करता है। इसलिए कोई व्यक्ति यदि किसी को अपशब्द कहता है तो वह उसके संकुचित नजरिए, उसकी सभ्यता और उसकी शिक्षा के स्तर के कारण कहता है। ऐसे व्यक्ति से कुतर्क एवं बेकार की बहस न करके अपने विकास पर ध्यान देना चाहिए।

साईं बाबा की पुस्तक 'साईं सच्चरित्र' में लिखा है—"हमें आपस में लड़ना-भिड़ना छोड़कर परस्पर सौहार्द व प्रेम से रहना चाहिए। वैमनस्य या संहार करना छोड़कर यदि कुछ करना ही चाहते हो तो सदैव दूसरों की भलाई करो और अपने हित (विकास) के मार्ग का विचार करो।"

अब्दुल ने राव साहब की बातों को सुनकर वहाँ से खिसकने के मूड में कहा, "चलो राव साहब, ऐसा ही होगा। भाई, अपने पास तो फ्यूचर जितना पैसा भी नहीं है, इसलिए अपने लिए तो वह महेश सर वाला सिस्टम ही ठीक है।"

राव साहब थोड़ा शांत हुए, बोले, "हाँ, सही है। वैसे आदमी भला है वह। पर कमाता क्या है ? आज भी सुजुकी के 5 साल पुराने स्कूटर पर चलता है। (हा-हा-हा, वैसे थोड़ा स्पष्टीकरण दे दूँ, मैंने सुजुकी का पुराना स्कूटर बेचकर 2017 में गणेश चतुर्थी को नई ज्यूपिटर जेड एक्स स्कूटी ले ली है तथा कार भी मैंने साल भर रखी थी, पुरानी सेंट्रो कार थी, जिसका जिक्र किताब की शुरुआत में चंदू के नाम से किया है। कोई भी काल्पनिक कहानी हो, थोड़ी तो सच्ची घटनाओं पर आधारित होती ही है, पर कार बेच दी; क्योंकि मेरे कस्बे का छोटा सा बाजार है, जिसमें कार ले जाऊँ तो छोटी सँकरी गलियों में ट्रैफिक जाम में डर-सा रहता था। इसलिए उसे बेच कर जान छुड़ाई और नई स्कूटी

ले ली, जो पिंडवाड़ा की छोटी सड़कों पर आराम से चलती है। कार तो कहीं जाना होता है तो अब्दुल जैसे ड्राइवर के साथ में किराए पर भी आ जाती है।)

"मैं अपने फ्यूचर के धंधे में प्रतिदिन 40,000 से 50,000 रुपए कमा लेता हूँ।" राव साहब बोले।

"पर आपको नुकसान भी तो होता होगा?" अब्दुल ने पूछा।

"बिल्कुल नहीं। मैंने एक 'एफ.आर.बी. ट्रेडर्स एंड इन्वेस्टमेंट एडवाइजरी' कंपनी से पेड सर्विस ली हुई है। वे रोज एक ट्रेड बताते हैं और वह एकदम सटीक जाता है।"

"तो क्या उसमें स्टॉप लॉस नहीं रखना पड़ता?"

"हाँ, एफ.आर.बी. ट्रेडर्स एंड इन्वेस्टमेंट एडवाइजरी स्टॉप लॉस देती तो है, पर आमतौर पर वह स्टॉप लॉस ट्रिगर ही नहीं होता। पिछले चार दिन से तो ऐसा ही हो रहा है।"

"यह एफ.आर.बी. ट्रेडर्स एंड इन्वेस्टमेंट एडवाइजरी कहाँ की कंपनी है? इसका पूरा नाम क्या है? इनकी टिप अगर इतनी सटीक जाती है तो यह पैसे लेकर टिप बेचते क्यों है, खुद खरीदकर मुनाफा क्यों नहीं कमा लेते?"

"अरे, सेवा करते हैं बेचारे। पूरा नाम तो मुझे भी नहीं पता कंपनी का। मेरे पास एस.एम.एस. आया था कि पाँच दिन की फ्री सर्विस ले लीजिए। उसके बाद पसंद आए तो 30,000 रुपए प्रति महीना या छह महीने के 1,25,000 या वर्ष के 2,00,000 रुपए भरकर उनकी पेड सर्विस ले सकते हैं। हाँ, कंपनी की वेबसाइट पर कोई एड्रेस तो नहीं लिखा है, सिर्फ मोबाइल नंबर दिया हुआ है।

"तो आपने पैसे भर दिए?"

"नहीं, अभी तो चार दिन की फ्री सर्विस एंजॉय कर रहा हूँ। चार दिन में यह शेयर टिप आई। सभी में लगभग 25,000 से 45,000 मुनाफा कमाकर लगभग 1,10,000 तो इसी से कमा लिये। अब फीस भर देंगे तो घर से क्या जाएगा?"

"चार दिन में एक का भी स्टॉप लॉस ट्रिगर नहीं हुआ?"

"नहीं, कंपनी ने 8-10 रुपए ऊपर का प्राइस टारगेट और 5 रुपए नीचे का स्टॉप लॉस दिया था। अभी तक तो टारगेट ही मिला है।"

अब्दुल ने एक क्षण के लिए सोचा कि कहीं एफ.आर.बी. का अर्थ 'फटाफट रोड़पति बनो' तो नहीं है, जिसने योगेंद्र के दोस्त को डुबोया था। फिर सोचा, चलो, छोड़ो अपने को क्या है। फिर क्या हुआ, आप जानना चाहते हैं न ? होना क्या था, वही हुआ, जो आमतौर पर होता है।

जब पाँच दिन का फ्री ट्रायल पूरा हो गया तो राव साहब ने सोचा कि पाँच दिन में 1,50,000 रुपए तो कमा ही लिये हैं। यदि 30,000 रुपए महीने की फीस भरेंगे तो साल भर के 3,60,000 होते हैं। इससे अच्छा है, एक साल का प्लान लेकर 2,00,000 रुपए भर देते हैं।

राव साहब ने 50,000 घर के मिलाकर 2,00,000 रुपए जमा करवाए और पूरी रात सो नहीं पाए; क्योंकि वे हिसाब करते रहे कि ऐसे रोज 30,000 मुनाफा कमा लेंगे तो महीने के मार्केट की छुट्टियों को काटकर लगभग 6–7 लाख रुपए कमा लेंगे।

अगले दिन 9 बजे जब कंपनी का इ–मेल आया तो वे हैरान रह गए। रोज एक टिप आता था। आज तीन कंपनियों का टिप स्टॉप लॉस के साथ आया था, बाकी दिन स्टॉप लॉस थोड़ा दूर होता था। आज टारगेट व स्टॉप लॉस दोनों छोटे–छोटे थे।

कोई बात नहीं। उन्होंने आज तीनों में एक–एक लॉट ले लिये।

दो में पहली बार स्टॉप लॉस ट्रिगर हो गए, सिर्फ उसका मुनाफा कमाया। कुल मिलाकर आज वे 1,50,000 रुपए नुकसान में रहे।

कंपनी को फोन किया तो वहाँ से जवाब मिला, "देखिए सर, अपने तो एग्रीमेंट में पहले ही लिखा है कि मार्केट में ट्रेड करना बहुत रिस्की है। आप स्टॉप लॉस का ध्यान रखें! आज नुकसान हुआ है, कल फायदा होगा। आप निश्चिंत रहें सर, कुल मिलाकर आपको फायदा ही होगा। और सर, क्या आप हमारी इंटराडेवाली सर्विस भी ज्वॉइन करना चाहेंगे ? वह सिर्फ आपके लिए एक साल के 50,000 में दे रहे हैं, वैसे उसका प्रतिमाह शुल्क 25,000 रुपए है।"

राव साहब को अब दाल में कुछ काला लगने लगा था। इसलिए उन्होंने इंटराडेवाली सर्विस की 'हाँ' तो नहीं की, लेकिन उनको लग रहा था कि कुछ

गलत तो हुआ है। अगले पाँच-सात दिनों तक रोज 3-4 टिप आते रहे। राव साहब कभी कमाते तो कभी गँवाते। अब राव साहब ने सोचा कि मुझे नुकसान क्यों होता है?

उनको लगा कि 'स्टोप लॉस' से ही उनको नुकसान होता है, क्योंकि वे 2-3 रुपए का छोटा स्टॉप लॉस रखते हैं, वह ट्रिगर हो जाता है। उसके बाद शेयर वापस ऊपर चढ़ जाता है। तो क्यों स्टॉप लॉस ही न रखें? वैसे भी, फ्यूचर में तो एक-दो महीने का समय होता है। अब के राव साहब ने जो 4-5 टिप आए, सब में निवेश कर दिया और स्टॉप लॉस का ध्यान नहीं रखा तो उन्होंने एक-दो में तो छोटा मुनाफा कमा लिया, पर स्टॉप लॉस नहीं रखने के कारण उनकी बाकी पोजीशन 1-1 लाख रुपए से अधिक के नुकसान में आ गई।

अब उनके पास मार्जिन भी कम हो रहा था। फिर भी, अगले दिन उन्होंने बचा हुआ पूरा मार्जिन लगाकर 3 पोजीशन और ले लीं। अब के भी भाव थोड़े गिरे तो उन्होंने स्टॉप लॉस नहीं रखा। सोचा कि भाव तो फिर से बढ़ जाएँगे, क्या टेंशन है! उन्होंने थोड़ी देर के लिए कंप्यूटर बंद कर दिया, क्योंकि सामने नुकसान बढ़ता दिखता है तो ज्यादा टेंशन होती है।

जब एक घंटे बाद उन्होंने अपना ट्रेडिंग एकाउंट वापस खोला तो वह आश्चर्यचकित रह गए, क्योंकि उनकी फ्यूचर में सभी ओपन पोजीशन ऑटोमैटिक स्क्वेयर ऑफ हो चुकी थीं।

अर्थात् अपने आप उनकी फ्यूचर पोजीशनों में हो रहा नुकसान बुक कर लिया गया था। कुल 3,43,217.50 नुकसान होने से उनके खाते में अब सिर्फ 0.37 नए पैसे का बैलेंस बचा था। राव साहब के पैरों के नीचे से जमीन खिसक गई। उन्होंने सोचा, यह कैसे हो सकता है? जब उन्होंने शेयर बेचा ही नहीं तो अपने आप कैसे बिक गए?

राव साहब वैसे तो मेरी सलाह से चिढ़ते थे, पर आखिर मेरे भी मित्र तो थे ही, अब उनकी ब्रोकरेज कंपनी से गलती हो गई थी तो पिंडवाड़ा में उनको ऑनलाइन ट्रेडिंग का जानकार, सेबी (SEBI) से पंजीकृत रिसर्च एनालिस्ट एक ही व्यक्ति दिख रहा था, जो उनके ब्रोकर से बातचीत करके उनकी ओपन

पोजीशन वापस ला सकता था और वह व्यक्ति मैं था, जो अब उन्हें देवदूत जैसा दिख रहा था।

राव साहब ने मुझे फोन मिलाया तो उन्हें मेरा फोन स्विच ऑफ मिला, क्योंकि वैसे तो मैं अपने फोन नंबर किसी को नहीं देता, क्योंकि अभी जब वर्ष 2017 में मैं यह किताब लिख रहा हूँ, मेरे एप व यू-ट्यूब पर मेरे लगभग 30,000 फॉलोवर्स हैं। उनसे मैं फोन पर बात करने लग जाऊँ तो मुझे पागलखाने ले जाना पड़े।

ब्लॉग व यू-ट्यूब पर आ रहे फॉलोवर्स के कमेंट्स का जवाब देने में ही मैं एकदम थक जाता हूँ, फिर फोन नंबर देने पर तो मेरा क्या हाल हो सकता है!

मुझसे मिलनेवाले जो व्यक्तिगत जानकार अब्दुल, योगेंद्र, राव साहब (सभी परिवर्तित या काल्पनिक नाम हैं। किसी भी वास्तविकता से इसका कोई लेना-देना नहीं है। कोई भी मिलान संयोग मात्र समझा जाए।), दिलीप भाई माली (यह वास्तविक नाम है, जिनका उल्लेख मेरी पुस्तक 'द विनिंग थ्योरी इन स्टॉक मार्केट' के पहले अध्याय में है), पारीक साहब आदि हैं। उनके पास तो मेरे फोन नंबर हैं ही, परंतु मानसिक योग्यता व कार्यक्षमता बढ़ाने के लिए मैं प्रतिदिन पूजा व ध्यान आदि करता हूँ, तब फोन बंद रखना पड़ता है।

दोपहर में आधा घंटा मेरे ऑफिस का लंच टाइम होता है, तब भी मैं मोबाइल बंद रखकर, मौन व साँसों पर ध्यान करके, मानसिक रूप से परमात्मा को याद करके खोई हुई शक्ति वापस प्राप्त करने की चेष्टा करता हूँ। राव साहब ने ऐसे समय में ही फोन किया, जब मैं लंच टाइम में मानसिक स्मरण कर रहा था। तब फोन स्विच ऑफ कर रखा था। आपको यह सारी राम कहानी इसलिए बता रहा हूँ कि आप भी प्रेरणा लें तथा दिन भर अपनी शक्ति फालतू के व्हाट्सअप पढ़कर मन खराब करने, फेसबुक, इ-मेल, नेट सर्फिंग, ज्यादा मोबाइल बातचीत में जाया न करके, रोज थोड़ी देर मोबाइल बंद रखकर मौन रखकर उस परमात्मा/खुदा की याद में बैठें तथा अनुभव करें उस परम शांति का।

चलिए, कहानी को आगे बढ़ाते हैं। राव साहब मेरे पास आए और अपने साथ हुई दुर्घटना बताई तथा बताया कि मेरे ऑन लाइन ट्रेडिंग प्लेटफॉर्म में कुछ सैटिंग में प्रॉब्लम हो गई है या उनकी साइट में कोई प्रॉब्लम है, जिससे

मेरी फ्यूचर की ओपन पोजीशन दिखाई नहीं दे रही है। आप जरा चेक करके बताएँगे कि क्या प्रॉब्लम हो गई है ?

मैंने चेक करके अंततः उन्हें बताया कि उनकी साइट में या सैटिंग में कोई प्रॉब्लम नहीं हुई है। वे वास्तव में एक घंटे में 3,43,217.50 रुपए गँवा चुके हैं तथा अब जो 0.37 पैसे बचे हैं, वे ही उनकी पूँजी हैं।

लोग ऐसे ही शेयर बाजार में पैसा गँवाते हैं। वास्तव में, वे शेयरों में निवेश नहीं कर रहे होते, वे तो सट्टा खेल रहे होते हैं। सट्टा, जैसा लोग क्रिकेट में गैर-कानूनी रूप से खेलते हैं, वैसे ही शेयरों के भाव जब 1 घंटे में 1 दिन में 1 माह में ऊपर या नीचे हो जाते हैं, तब उन पर कोई नियम नहीं चलता। वे तो माँग और आपूर्ति के हिसाब से ऊपर या नीचे होते हैं। आप उनका एकदम सटीक अनुमान नहीं लगा सकते। परंतु जब आप शेयरों में 3 वर्ष, 1 वर्ष, 6 महीना या कम-से-कम 1 महीने के लिए निवेश करते हैं तो आप निवेशक होते हैं, तब आप कंपनी का बिजनेस खरीदते हैं। वहाँ आप इस तरह से नुकसान नहीं खा सकते।

आगे मैंने देखा, राव साहब की मेरे उपदेश में कोई रुचि नहीं थी। वे बोले, "सर, क्यों मूर्खों जैसा उपदेश दे रहे हो ? आप मेरी बात सुन ही नहीं रहे। मैंने जब अपनी फ्यूचर पोजीशन बेची ही नहीं, तब अपने आप कैसे बिक गई ? कोई जादू है क्या ? मैं···(असंस्कारित भाषा) को कोर्ट में घसीट दूँगा। ऐसे कोई कैसे बगैर मेरी अनुमति के मेरे खाते से पैसे काट सकता है ?"

मैंने उनसे पूछा, "जब आपने डीमेट खाता खुलवाया, जब आपने एफ एंड ओ में ट्रेडिंग शुरू की, तब आपने अंग्रेजी में लिखी हुई कंपनी की टर्म्स एंड कंडीशन स्वीकार की थी या नहीं ?"

"हाँ, की थी।"

"क्या आपने उनको पढ़ा था ?"

"नहीं, वे तो अंग्रेजी में 8-10 पृष्ठ थे। मैंने बगैर पढ़े ही I Accept और Decline में से I Accept दबा दिया, क्योंकि बगैर शर्तें स्वीकार किए तो ट्रेडिंग खाता चालू ही नहीं होता।"

"चलो, आपने नहीं पढ़ी। मैं समझा देता हूँ। आपने अपनी ऑनलाइन ट्रेडिंग कंपनी को यह अधिकार दिया है कि वह आपकी तरफ से आपके आदेश पर शेयर खरीदकर उसका पैसा आपके खाते से काट सकती है तथा इसी प्रकार शेयर बेचकर पैसा आपके खाते में जमा कर सकती है।

"साथ ही जब आप मार्जिन पर इंटराडे या फ्यूचर एंड ऑप्शन में ट्रेड करेंगे, तब आपने 7 लाख के शेयरों के लॉट के लिए यदि 1,35,000 मार्जिन चुकाया है, तब आपकी अधिकतम नुकसान सहन करने की क्षमता भी 1,35,000 ही है। यदि आपकी ओपन पोजीशन इससे ज्यादा नुकसान में आ जांती है तथा आपके खाते में मार्जिन बढ़ाने का पैसा नहीं है तो आपने कंपनी को यह अधिकार दिया है कि वह आपकी ओपन पोजीशन ऑटोमैटिक स्क्वेयर ऑफ कर दे, अर्थात् बेच दे तथा लॉस बुक कर ले; क्योंकि आपके खाते में मार्जिन मनी नहीं है तथा इससे ज्यादा का नुकसान होने पर उसे कौन भरेगा ?

"आपने लिवरेज पोजीशन ली (मतलब कम मार्जिन होते हुए भी ज्यादा पोजीशन ली)। अब आपके तीनों फ्यूचर शेयर जब टूटने लगे और आपने स्टॉप लॉस नहीं रखा तो वह जब तीनों पोजीशन के मार्जिन का पूरा बैलेंस नुकसान में बदल गया तो कंपनी ने आपकी दी गई अनुमति के आधार पर आपकी पोजीशन काट दी, क्योंकि इससे ज्यादा नुकसान झेलने की आप में क्षमता नहीं थी।"

"तो अब मैं क्या करूँ ?"

"कुछ नहीं, पहले तो अपने खाते में 10,000 रुपए जमा करवाओ, क्योंकि खाते में 0.37 पैसे बैलेंस रखने पर आपका बैंक आप पर न्यूनतम बैलेंस बनाए नहीं रखने की पैनल्टी लगा देगा।"

इसके बाद राव साहब आधे घंटे तक सिर्फ रोते रहे। मैं सांत्वना देता रहा। मेरे ऑफिस में तमाशा देखनेवालों की भीड़ लग गई।

उन्होंने कहा, "अब मुझे रास्ता बताओ। मैं शेयर बाजार में 6 लाख रुपए हार गया। मैं बरबाद हो गया। अब मैं क्या करूँ ?"

मुझे शंका हुई कि राव साहब अनहोनी कर बैठेंगे, इसलिए मैंने उन्हें झूठी दिलासा दी, "आपका पैसा कहीं नहीं गया। आपकी कल छुट्टी है। आप अब्दुल

को साथ लेकर आना; क्योंकि वह भी इंटराडे व कंप्यूटर फ्यूचर ऑप्शन··· फिर आप दोनों मिलकर पैसा कमा सकते हैं। आपका पैसा आपको वापस मिल जाएगा।"

"परंतु आप तो इंटराडे व फ्यूचर ऑप्शन के विरोधी थे न ?"

"नहीं, आपने हमेशा सुना गलत था। मैं कहता था—इंटराडे व फ्यूचर एंड ऑप्शन रिटेल छोटे निवेशकों के लिए नहीं है। यहाँ कृपया 'रिटेल' व 'छोटे निवेशक' शब्द पर गौर करें। मैं छोटे निवेशक अर्थात्, जिनके पास 10 लाख रुपए से कम की पूँजी है, उनके लिए फ्यूचर एंड ऑप्शन में ट्रेड करना गलत है।"

"पर मेरे पास तो सिर्फ 37 पैसे की पूँजी है।" कहकर राव साहब फिर रोने लगे।

मैंने उनको दिलासा दी कि वे चिंता न करें। मैं 37 पैसे को भी 37 लाख बना दूँगा। (मैं मन-ही-मन भगवान् से झूठ बोलने के लिए माफी माँग रहा था; पर ऐसा राव साहब के प्राणों की रक्षा के लिए जरूरी था।)

स्वामी विवेकानंद ने कहा था—तुम सत्यनिष्ठा के व्रत में स्थित हो जाओ, अर्थात् न तो झूठ बोलो, न किसी से अपने लिए झूठ बुलवाओ, तब तुम्हारे मुँह से अचानक निकली झूठी बात भी प्रकृति सच कर दिखाएगी।

मैं भी उस व्रत का अभ्यास कर रहा था। यहाँ झूठ बोलना जरूरी था, इसलिए मुझे झूठ बोलना पड़ रहा था। मैं सोच रहा था कि शायद प्रकृति मेरे सत्यनिष्ठा के अभ्यास को देखकर इसे भी सच कर दे और राव साहब कभी 37 पैसे से 37 लाख बना लें।

मैंने राव साहब से वादा किया कि कल वे अब्दुल के साथ आएँ और योगेंद्र को भी लाएँ। मैं तुम तीनों को इंटराडे, फ्यूचर एंड ऑप्शन के गुर सीखा दूँगा, जिससे तुम अपनी खोई हुई पूँजी वापस प्राप्त कर लोगे। योगेंद्र, जो रोज रोता है कि शेयरों का धंधा धीमा है, ऐसे तो बन गए करोड़पति, उसको भी शेयरों में टी-20 में क्रिकेट जैसा रोमांच आ जाएगा। अब्दुल अब बड़ा आदमी बननेवाला है। उसका वक्त आ गया है कि वह फ्यूचर एंड ऑप्शन, डे ट्रेडिंग सीख जाए।

इस अध्याय को यहीं विराम देते हैं।

इस अध्याय से हमने क्या सीखा ?

इंटराडे मार्जिन ट्रेडिंग, फ्यूचर एंड ऑप्शन रिटेल छोटे निवेशकों के लिए नहीं है। यहाँ रिटेल छोटे निवेशकों का अर्थ है, जिनके पास शेयरों में लगाने के लिए 10 लाख रुपए से कम की पूँजी है। यह पुस्तक मैं वर्ष 2017 में लिख रहा हूँ; परंतु मुझे विश्वास है कि यह एक अमर कृति बनेगी तथा आनेवाले सैकड़ों सालों तक छोटे निवेशकों को शेयर बाजार से अमीर बनने का रास्ता दिखाती रहेगी। अत: आप जिस भी वर्ष में यह पुस्तक पढ़ें, आप रिटेल निवेशक हैं या बड़े निवेशक, उसकी गणना के लिए वर्ष 2017 के बाद प्रति वर्ष एक लाख की वृद्धि करते रहें, अर्थात् 2018 में 11 लाख, 2019 में 12 लाख, 2020 में 13 लाख, 2021 में 14 लाख, 2022 में 15 लाख—वह आवश्यक पूँजी मानें, जितनी होने पर आप इंटराडे, फ्यूचर एंड ऑप्शन में उतर सकते हैं।

शेयर बाजार में गलतियाँ माफ नहीं होतीं। यहाँ यदि आप ट्रेड करते हैं और स्टॉप लॉस नहीं रखते तो आपके 6 लाख रुपए की पूँजी 37 पैसे की पूँजी में बदल सकती है। ऐसी घड़ी में आप परलोक भी सिधार सकते हैं।

स्टॉप लॉस रखना ट्रेडर्स व बड़ी होल्डिंगवालों के लिए जरूरी है। यदि आप अपनी आय के 10 प्रतिशत हिस्से के बराबर पूँजी एक शेयर में लगाते हैं तथा उसे होल्ड रखते हैं तो आपको स्टॉप लॉस लगाने की जरूरत नहीं है। उदाहरण के तौर पर, पारीकजी एक स्कूल में प्रिंसिपल हैं (मेरे अच्छे मित्र भी हैं। उनसे बातें करके और उनकी तर्कशक्ति से मुझे अपनी बुद्धि को पैनी करने का मौका मिलता है)। उनकी मासिक आय वर्तमान में 60 हजार रुपए महीना है तो 60 हजार का 10 प्रतिशत अर्थात् मेरी राय में उन्हें एक शेयर में सिर्फ 6,000 रुपए का ही निवेश करना चाहिए। तब यदि वे स्टॉप लॉस नहीं भी रखें तो उस शेयर को आसानी से होल्ड कर सकते हैं और उनको, यदि कंपनी डीलिस्ट भी हो जाए, तो 6,000 से ज्यादा का नुकसान नहीं होता।

□

एफ.आर.बी. (काल्पनिक नाम) के शुरुआती 5 टिप्स एकदम सही कैसे चले गए ?

आप सोच रहे होंगे कि राव साहब ने एफ.आर.बी. (फटाफट रोडपति बनो) कंपनी से जो टिप्स खरीदे, उनमें पहले पाँच दिन तक एकदम सटीक कैसे चले गए ?

ऐसा जादू कैसे हुआ कि पाँच दिन तक उनका एक भी टिप गलत नहीं गया ?

असल में ऐसा एक ट्रिक के कारण होता है।

कभी भी शेयरों के टिप्स देनेवाली कोई भी पैड सर्विस को सब्सक्राइब नहीं करें।

आप पूछेंगे—क्यों ?

मेरे पास ऐसे प्रतिदिन इ–मेल्स आती हैं कि प्रिय मि. कौशिक, क्या आपकी कोई पैड सर्विस है; क्योंकि मैं आपसे पैसे देकर शेयर टिप्स खरीदना चाहता हूँ।

मुझे आश्चर्य होता है कि जब मेरी एप पर और मेरे ब्लॉग्स पर मुफ्त में रिसर्च रिपोर्ट व शेयर टिप्स डाले जाते हैं तो लोग क्यों मेरी ऐसी सर्विस चाहते हैं, जिसमें मैं उनसे कुछ पैसे वसूल करके अपनी शेयर मार्केट की सलाह उनको दूँ ? दरअसल, वे सोचते हैं कि मैं पैसे लेकर सलाह बेचूँगा तो शायद और भी अच्छी होगी, जिससे वे रातोरात करोड़पति बन जाएँगे।

चलिए, इसी पर कुछ याद आया। मैं मूल रूप से तहसील में टी.आर.ए. के पद पर काम करता हूँ और मेरे पास हमारे जिला कलेक्टर कार्यालय के सहायक

राजस्व लेखाधिकारी का चार्ज भी है। ऐसी स्थिति में मेरे पास जब कोई किसान अपना काम लेकर आता है और मैं उसकी समस्या सुनकर उसका समाधान कर देता हूँ तो उसको विश्वास ही नहीं होता कि उसका काम हो गया है। वह बार-बार एक ही रट लगाता है—'बाबूजी, चाय-पानी ले लीजिए!'

मैं उसे समझाता हूँ कि भाई, राज्य सरकार ने हमें इसी काम के लिए रखा है। मैं चाय पीता नहीं, पानी मैं अपने घर से आर.ओ. का लेकर आता हूँ और आपका काम मैंने कर दिया है। परंतु उसको विश्वास नहीं होता कि बगैर चाय और पानी के उसका काम कैसे हो सकता है? वह फिर आग्रह करता है—'बाबूजी, क्यों परेशान कर रहे हैं? चाय-पानी लेकर काम क्यों नहीं कर देते?' इस पर बड़ी मुश्किल से उसे विश्वास दिलाना पड़ता है कि उसका काम बगैर चाय में पानी मिलाए भी उसी गति से हो रहा है, जिस गति से चाय में पानी डालने पर हो सकता था।

इसी प्रकार, मेरे शेयर बाजार के फॉलोवर्स को भी विश्वास नहीं होता कि मैं अपने टिप्स बेचता क्यों नहीं? वे सोचते हैं, शायद पैड सर्विस ज्यादा जोरदार हो सकती है!

दरअसल, मेरा मानना है कि यदि आपके पास सचमुच ऐसा शेयर ढूँढ़ने की क्षमता है, जो भविष्य में परफॉर्म कर सके तो आपको उसको नाम बेचकर पैसे कमाने की आवश्यकता ही क्या है? आप स्वयं उसमें निवेश करके पैसे क्यों नहीं बना लेते? जैसा मैं करता हूँ, मैं व मेरी पत्नी अपने सभी शेयर टिप्स में स्वयं भी निवेश करते हैं तथा सेबी के रेगुलेशन का भी पूरी ईमानदारी से पालन करते हैं कि रिसर्च रिपोर्ट डालने के 30 दिन पहले एवं 5 दिन बाद तक हम अपनी किसी भी टिप्स में निवेश नहीं करते तथा ट्रेड नहीं करते। इसका बाकायदा सी.ए. से सालाना ऑडिट भी होता है।

मैं तो चाहता हूँ कि आप स्वयं शेयर तलाश करना सीख लें। उसके बाद आपको मेरे ब्लॉग्स पढ़ने की भी आवश्यकता नहीं है।

कभी भी शेयरों के टिप्स प्रदान करनेवाली सेवा सब्सक्राइब नहीं करें; क्योंकि आप यदि मेरे सिद्धांत को समझ लेते हैं तो आपको उसकी जरूरत नहीं है।

आप मेरी पुस्तकें खरीदें, ऐसा भी मैं आग्रह नहीं करता। आप चाहें तो मेरे यू-ट्यूब वीडियो देखकर फ्री में ज्ञान बटोर सकते हैं। फिर ज्यादा गहराई में जाना चाहें तो ही पुस्तकें खरीदें।

पैड टिप्स सेवा को सब्सक्राइब क्यों नहीं करें, आज उसके लिए आपको श्री घीसू भाई की कहानी बताई जा रही है। घीसू भाई का वर्णन मेरी पुस्तक 'शेयर बाजार में चंदू ने कैसे कमाया और चिंकी ने गँवाया' के अध्याय-17 में है; पर यह कहानी उस कहानी से अलग है।

घीसू भाई को शेयरों में लॉन्ग टर्म निवेश करना पसंद नहीं है। वे तो कभी-कभी फँस जाते हैं तो मजबूरी में लॉन्ग टर्म निवेशक बन जाते हैं; क्योंकि उनको घाटा खाकर बेचना भी पसंद नहीं है, जैसाकि आपने उक्त चंदू-चिंकी की पुस्तक में पढ़ा है कि घीसू भाई ने जो सुजलोन के शेयर आठ-नौ साल पहले खरीदे थे, वे आज भी उनके पोर्टफोलियो की शोभा बढ़ा रहे हैं।

घीसू भाई एक दिन नेट पर सर्फ कर रहे थे कि एक विज्ञापन दिखा कि हमारे शेयरों के टिप्स से घर बैठे कमाएँ 50 हजार रुपए महीना। पाँच दिन के फ्री ट्रायल के लिए आज ही आवेदन करें।

घीसू भाई ने आवेदन कर दिया। अब अगले दिन उनके पास एक इ-मेल आया कि आज आप एस.बी.आई. के शेयर को खरीदें तथा दिन के अंत में उचित मुनाफा लेकर बेच दें। आज एस.बी.आई. हर हालत में बढ़ने ही वाला है।

घीसू भाई बहुत होशियार थे। उन्होंने सोचा, आज तो चेक करते हैं। सही होगा तो कल पैसा लगाएँगे।

घीसू भाई आश्चर्यचकित हो उठे कि एस.बी.आई. वास्तव में 5 प्रतिशत ऊपर बंद हुआ। उन्होंने सोचा, आज तो मौका चूक गए भाई! यदि 10 हजार मार्जिन मनी लगाकर 50,000 के एस.बी.आई. इंटराडे में लिये होते तो आज ही 2,500 रुपए कमा लेते!

अगले दिन इ-मेल आया। आज एच.यू.एल. का शेयर गिरने वाला है। घीसू भाई ने आज डरते-डरते 25,000 के शेयर बेच करके शॉर्ट खेला तथा दिन के अंत तक 2,000 कमाकर निकल गए।

इसी प्रकार तीसरे तीन भी सही टिप आया। पर आज घीसू भाई ने पैसे नहीं लगाए, क्योंकि उन्होंने सोचा, लगातार तीन टिप थोड़े ही सही होते हैं। आज तो फेल होगा। परंतु घीसू भाई की सोच गलत थी, आज भी सही टिप आया था।

चौथे दिन घीसू भाई को रिलायंस खरीदने की सलाह आई और उसमें भी उन्होंने 3,000 रुपए कमाए।

पाँचवें दिन टिप आया कि आज अरविंद लिमिटेड टूटेगा। घीसू भाई ने आज सीधा फ्यूचर में शॉर्ट ठोंक दिया। एक बार तो अरविंद ऊपर बढ़ा और घीसू भाई 20,000 के नुकसान में आ गए; परंतु दिन के अंत तक कमाल हो गया। पाँचवें दिन का टिप भी सही निकला। पाँचवें दिन तो घीसू भाई ने एक दिन में ही 10,000 रुपए कमा लिये।

घीसू भाई को अब रात को नींद नहीं आई। उन्होंने देखा, अब तो करोड़पति बन गए। भाई, अब तो चामुंडा आइसक्रीम पार्लर ही खरीद लेंगे (उक्त पुस्तक में आपने पढ़ा है कि घीसू भाई वहाँ वेटर थे)।

अगले दिन कंपनी का इ-मेल आया कि आपका फ्री ट्रायल खत्म हो गया है। आप अब चाहें तो हमारी फीस एक माह की 40,000 रुपए या छह माह की 1,00,000 रुपए देकर हमारी सेवाओं को जारी रख सकते हैं।

घीसू भाई ने तुरंत छह माह के 1,00,000 रुपए ऑनलाइन जमा करवा दिए। अगले दिन घीसू भाई के पास एक के स्थान पर चार शेयरों के टिप आए, जिसमें बहुत छोटा टारगेट व स्टॉप लॉस दिए हुए थे, जिसमें से एक सही व तीन गलत निकलीं और जोश में आकर ज्यादा रकम लगाने के कारण घीसू भाई को एक ही दिन में 50,000 रुपए का नुकसान हो गया; क्योंकि घीसू भाई को स्टॉप लॉस लगाना गवारा नहीं हो रहा था।

बाद में भी जो भी टिप आते, कुछ सही तो कुछ गलत जाते। घीसू भाई जितना कमाते, उससे ज्यादा गँवाते; क्योंकि वे प्रॉफिट तो छोटा बुक करते और नुकसान बुक करते हुए झिझकते, इसलिए नुकसान बढ़ता ही जाता। कंपनी में फोन करते तो जवाब मिलता कि आपने स्टॉप लॉस क्यों नहीं रखा ?

आप सोच रहे होंगे कि मैं क्यों आपको बोर कर रहा हूँ। दरअसल शुरू के पाँच दिनों के टिप सही क्यों जाते थे ? इसका उत्तर सुन लीजिए। कंपनी

फ्री ट्रायल का विज्ञापन करती है। मान लीजिए, 4,000 लोग इस विज्ञापन को देखकर फ्री ट्रायल ले लेते हैं। अब कंपनी ने इनको 2,000–2,000 के दो समूहों में बाँटा। पहले समूह को कहा, "आज एस.बी.आई. बढ़नेवाला है, आप ले लीजिए और मन–माफिक मुनाफा कमाइए।" दूसरे को कहा, "आज एस.बी. आई. गिरनेवाला है, आप बेच दीजिए।" अब दोनों में से एक तो होना ही था, इसलिए जब एस.बी.आई. बढ़ गया, तब कंपनी समझ गई कि ये 2,000 लोग संभावित ग्राहक हैं। इसलिए इनको फिर से 1,000–1,000 के समूह में बाँटकर एक ही शेयर के बढ़ने व गिरने के अलग–अलग टिप भेजे। अब घीसू भाई उन सौभाग्यशाली 1,000 लोगों के समूह में थे, जिनको दोनों टिप सही मिले।

तीसरे दिन उन्हें फिर 500–500 के समूह में बाँटकर एक को बढ़ने का और दूसरे को घटने का टिप दे दिया।

चौथे दिन जिन 500 लोगों के तीनों टिप्स सही जा रहे थे, उनको 250–250 के समूह में बाँटकर उनको भी इसी प्रकार टिप्स भिजवा दिए।

पाँचवें दिन जिस 250 के समूह के चारों टिप्स सही थे, उनको 125–125 के समूह में बाँटकर आधों को अरविंद बढ़ने की, आधों को गिरने के टिप भेजे थे। सौभाग्य से, घीसू भाई उन 125 सब्सक्राइबर में थे, जिनको पाँचों दिन सही टिप्स मिले थे और कंपनी जानती थी कि 125 में से ये 100 व्यक्ति एक लाख की फीस भरते हैं तो कंपनी ने तो एक करोड़ बना लिये। बाद में टिप आते तो। उनमें छोटा टारगेट व छोटा सा स्टॉप लॉस होता।

यहाँ मेरा उद्देश्य किसी भी पैड सेवा या रिसर्च एनालिस्ट की बुराई करना नहीं है। ज्यादातर पैड सेवा देनेवाले भी अपने क्षेत्र के एक्सपर्ट लोग हैं। उनमें से कुछ तो मेरे ब्लॉग्स भी पढ़ते हैं और उनसे मेरी अच्छी मित्रता है। यहाँ आपको केवल ऐसी फ्रॉड कंपनियों से सावधान करना है, जिन्होंने घीसू भाई से चीटिंग की थी।

इसलिए मैं यही चाहता हूँ कि आप स्वयं शेयरों को तलाश करना सीखें और दूसरों पर, यहाँ तक कि मुझ पर भी, आश्रित न रहें।

□

अब्दुल शेयर बाजार में 5 लाख रुपए की पूँजी तक कैसे पहुँचा ?

आपने अध्याय-6 में पढ़ा होगा कि अब्दुल ने अपने 10,000 रुपए के चार भाग किए थे। पहले 5,000 रुपए फंडामेंटल स्टॉक्स में, दूसरे 2500 रुपए पैनी स्टॉक्स में, तीसरे 1,250 रुपए ट्रेडिंग स्टॉक्स में एवं चौथे 1,250 रुपए ट्रेडिंग ब्रेकआउट स्टॉक्स में लगाने थे और जैसे-जैसे नई पूँजी अपनी आय का 10 प्रतिशत हिस्सा जमा होता जाए, इसी क्रम से शेयर लेते रहने थे। ऐसा करने पर अब्दुल को फंडामेंटल शेयरों में 50 प्रतिशत से ऊपर मुनाफा बुक करने की सलाह मैंने दी थी। पैनी शेयरों में 40 प्रतिशत मुनाफा, ट्रेडिंग में 20 प्रतिशत मुनाफा तथा ब्रेकआउट में 10 प्रतिशत मुनाफा बुक करना था और कोई स्टॉप लॉस नहीं रखना था, न कोई रिवर्स ट्रेडिंग करनी थी। अब प्रतिमाह लगभग ऐसा हुआ होगा (यह सटीक बैलेंस शीट नहीं है। लगभग में है और काल्पनिक कहानी की काल्पनिक बैलेंस शीट मानें।)

1. पहले माह अब्दुल ने चार शेयर लिये होंगे—

शेयर A. 5,000 रुपए

शेयर B. 2,500 रुपए

शेयर C. 1,250 रुपए

शेयर D. 1,250 रुपए

कुल वैल्यू—10,000 रुपए

कैश—10,000 न्यूनतम बैलेंस

2. दूसरे माह शेयर D के प्राइस 20 प्रतिशत ऊपर आ गए। यद्यपि

ब्रेकआउट शेयर में 10 प्रतिशत मुनाफा बुक करने का ही टारगेट रखना होता है, परंतु अब्दुल की छोटी पूँजी होने से 1,250 का 10 प्रतिशत मुनाफा बुक करेंगे तो 80 रुपए तो ब्रोकरेज व कर में ही चले जाएँगे। इसलिए जब तक उसकी पूँजी कुछ बढ़ नहीं जाती, उसे ब्रेकआउट स्टॉक में भी 20 प्रतिशत टारगेट रखने दिया गया था।

उसने बुक किए गए मुनाफे (कर व ब्रोकरेज काटने के बाद) लगभग 200 रुपए को कैश में शामिल कर लिया और मूल पूँजी 1,250 को दूसरे ब्रेकआउट शेयर में लगा दिया। इस माह उसने अपनी आय का 10 प्रतिशत बचाकर नई धनराशि 2,447 रुपए भी अपने शेयर व्यापार में शामिल कर दिए। अब कुल राशि 10,000 (न्यूनतम सेविंग एकाउंट बैलेंस)+2,447+200 (मुनाफा)=12,647 कैश व पहले की भाँति चार शेयर हो गए।

3. तीसरे माह सौभाग्य से पैनी शेयर में 40 प्रतिशत प्रॉफिट लगभग 900 रुपए (ब्रोकरेज काटकर) मिल गया। मूल 2,500 से वापस कोई पैनी शेयर मिल गया। नई धनराशि आय का 10 प्रतिशत बचाकर 2,563 रुपए अपने शेयरों के खाते में जमा कर लिये। अब बैलेंस 12,647 (पिछले माह का कैश)+2,563+900 (मुनाफा)=16,100 हो गया, इसलिए उसने 5,000 रुपए एक और फंडामेंटल शेयर में निवेश कर दिए। अब उसके पास कुल 5 शेयर हो गए हैं। 2 फंडामेंटल (5,000-5,000 के), 1 ट्रेडिंग, 1 पैनी, 1 ब्रेकआउट शेयर और कैश 11,100 शेष राशि रही।

4. जो मेरे जल्दबाज पाठक हैं, जिन्होंने इस पुस्तक को शुरू से चबा-चबाकर हजम नहीं किया है, जल्दी-जल्दी निगल गए हैं, उनके पेट में दर्द हो रहा होगा कि क्या बकवास है ? फंडामेंटल शेयर, ट्रेडिंग शेयर, पैनी शेयर, ब्रेकआउट शेयर क्या बला है ?

उनके लिए फिर से बता दूँ कि पीछे के अध्यायों में मैंने बताया है कि जो शेयर उसकी नेट सेल प्रति शेयर (गणना आप मेरे यू-ट्यूब वीडियो से सीख सकते हैं। यू-ट्यूब पर 'महेश चंद्र कौशिक नेट सेल' लिखते ही आप को मिल जाएगा। मैंने बेस प्राइस आदि सबकी गणना के ट्यूटोरियल यू-ट्यूब

पर डाल रखे हैं। वैसे मेरे पुराने फॉलोवर्स, जिन्होंने मेरी पिछली तीन पुस्तकें पढ़ रखी हैं, गणना करना जानते हैं।) से कम पर मिल रहा हो, बेस प्राइस से 20 प्रतिशत कम या 10 प्रतिशत ऊपर हो, डिविडेंड देता हो, प्रमोटर्स ने शेयर न गिरवी रखे हों, न बेचकर कम किए हों, पिछले दो साल में उसमें बुल्क डील, बोनस, फेस वैल्यू विभाजन नहीं हुआ हो, उसका सालाना उच्च स्तर (52 Week High) सालाना निम्न स्तर (52 Week Low) का अनुपात 2 से कम हो, वर्तमान बाजार भाव उसकी 200 डी.एम.ए. के ऊपर हो तो वह फंडामेंटल शेयर है। यदि आप 20,000 रुपए से शेयर बाजार शुरू करते हैं तो 10,000 रुपए खाते में न्यूनतम शेष रखकर शेष 10,000 में से 5,000 इस प्रकार के शेयर में लगा सकते हैं। जो शेयर ऊपर की शर्तों में से ज्यादातर शर्त पूरी करता हो (प्रमोटर्स होल्डिंग 20 प्रतिशत से कम नहीं होने और 35 प्रतिशत से ज्यादा शेयर गिरवी नहीं रखने की शर्त अनिवार्य है। बाकी में एक-दो पूरी नहीं भी हो तो कोई बात नहीं), पर 200 डी.एम.ए. से ऊपर हो तथा उसका भाव 20 रुपए से कम हो (वर्ष 2017 में 20 रुपए मानक था। 2017 में भारत में 10 रुपए तक के सिक्के (कोइन) आते हैं। इसलिए आप इस किताब को वर्ष 2030 में पढ़ रहे हों तो उस समय मान लो, 50 रुपए का सिक्का आता हो तो उस समय 100 रुपए से कम के शेयर पैनी शेयर होंगे। आज तो हम 20 रुपए से कम के शेयरों को पैनी शेयर बोलते हैं) ऐसे शेयर में 2,500 रुपए निवेश करने होते हैं।

ट्रेडिंग व ब्रेकआउट शेयरों में भी लगभग ऐसी ही बात है। उनमें नेट सेल प्रति शेयर व मार्केट प्राइस का अनुपात 2 तक भी हो तो आप ले सकते हैं। जैसे शेयर अभी-अभी उसकी 30 डी.एम.ए., 50 डी.एम.ए., 150 डी.एम.ए., 200 डी.एम.ए. से ऊपर बंद हुआ हो, प्रमोटर्स होल्डिंग कम नहीं हो रही हो, न प्रमोटर्स ने गिरवी शेयर रखे हों तथा बेस प्राइस के भी 20 प्रतिशत कम या 20 प्रतिशत ऊपर रेंज में हों। नेट सेल पर शेयर से मार्केट प्राइस इनमें से ज्यादा न हों तो आप ऐसे शेयर को ट्रेडिंग शेयर या ब्रेकआउट शेयर मानकर उनमें शेष 1250-1250 का निवेश कर सकते हैं। भाइयो, यह पुस्तक आपके अमीर

बनने के ताले की चाबी है। इसलिए आपसे हाथ जोड़कर निवेदन है कि यदि पिछले अध्यायों को ढंग से नहीं पढ़ा हो तो वापस धीरे-धीरे पढ़ते हुए आएँ।

पिछले पृष्ठों में आपको जो रोज 1 घंटा मेहनत करने को कहा गया है, उसमें आपके नेटसेल, बेस प्राइस, सालाना हाई लो, बुल्क डील, प्रमोटर्स होल्डिंग के आधार पर खुद ऐसे शेयर छाँटकर चार श्रेणियों—फंडामेंटल, पैनी, ट्रेडिंग, ब्रेकआउट में विभक्त करने हैं। सीखने के लिए मेरी पिछली तीनों पुस्तकें पढ़ सकते हैं, जो अब प्रभात प्रकाशन, दिल्ली से हिंदी में भी उपलब्ध हैं। आप अमेजन या प्रभात प्रकाशन से मँगवा सकते हैं। आपके नजदीकी रेलवे स्टेशन/बस स्टैंड, बुक स्टॉल पर भी मिल सकती हैं।

आप पिछली पुस्तकें नहीं पढ़ना चाहें तो यू-ट्यूब पर मेरे चैनल के सभी वीडियो देखकर फ्री में डी.एम.ए. गणना, नेटसेल गणना, बेस प्राइस गणना सीख सकते हैं।

5. चौथे माह—

1 फंडामेंटल शेयर में 50 प्रतिशत प्रॉफिट लगभग 2,400 रुपए (100 ब्रोकरेज व कर कम करने पर) कमाई आय का 10 प्रतिशत लगभग 2,598 नए डाले, दिया अब कैश में 11,100+2,400+2,598=16,098 हो गए तो 2,500 एक और पैनी शेयर में निवेश कर दिए 1,250-1,250 का 1-1 ट्रेडिंग व ब्रेकआउट शेयर भी और ले लिया। अब पोर्टफोलियो में 8 शेयर हो गए हैं। कैश 11,098 बचा है।

6. अब मैं ज्यादा ऐसी गणना बताऊँगा तो आप बोर हो जाएँगे। आप समझ गए होंगे कि कैसे शुरुआत करते हैं, कैसे 10 प्रतिशत आय प्रतिमाह खाते में जोड़ते हैं और कैसे धीरे-धीरे होल्डिंग बढ़ाते हैं।

ऐसे करते-करते 1 साल (12 माह) पूर्ण होने तक अब्दुल के पोर्टफोलियो में शेयर व कैश बढ़ते-बढ़ते लगभग 70,347 का पोर्टफोलियो बन गया।

कृपया मुझे ऐसे इ-मेल्स मत करना कि मैं पूरी गणना की एक्सेल शीट आपको भिजवाऊँ। यह गणना काल्पनिक है और आपको समझाने के लिए बनाई गई है।

7. साल भर बाद, यदि आपने मेरी पहली पुस्तक 'द विनिंग थ्योरी इन स्टॉक मार्केट' पढ़ रखी है तो आपको याद होगा कि प्रत्येक शेयर में निवेश करनेवाली राशि में प्रति वर्ष 7.5 प्रतिशत के लगभग राशि नजदीकी 100 रुपए के पूर्णांक में बढ़ानी भी है। कैसे ?

यदि आपकी समझ में नहीं आया है तो घबराएँ नहीं, मैं फिर से समझाता हूँ। जैसे अब्दुल की तरह 12 माह तक आप फंडामेंटल शेयर में 5,000 रुपए का निवेश करते हैं, पर 1 वर्ष पूरा होने पर पहले तो ईश्वर का धन्यवाद करें, थोड़ा सेलिब्रेट भी करें। दोस्तों को थोड़ी मिठाई भी खिलाएँ, फिर 5,000 का 7.50 प्रतिशत निकालें, जो 375 आएगा। यह नजदीकी 100 रुपए में 400 बनता है, इसलिए 1 साल पूरा होने के बाद फंडामेंटल शेयरों में प्रति शेयर 5,000 के स्थान पर 5,400 रुपए निवेश करना है। इसी प्रकार पैनी शेयर में 2,500 के स्थान पर 7.5 प्रतिशत नजदीकी 100 रुपए में बढ़ाकर 2,700 रुपए निवेश करना है और ट्रेडिंग तथा ब्रेकआउट शेयरों में भी 1,250 का 7.5 प्रतिशत, जो कि 93.75 बनता है। नजदीकी 100 रुपए में 1,350–1,350 निवेश करना है।

पूरे दूसरे साल यह प्रक्रिया चली। अब्दुल जब भी कैश में 5,400 हो जाते, फंडामेंटल शेयर ले लेता, फिर 2,700 के पैनी शेयर, फिर 1,350–1,350 के ट्रेडिंग व ब्रेकआउट शेयर लेता रहा। हर माह आय का 10 प्रतिशत हिस्सा 2,610, तो कभी 2,817 खाते में जोड़ता रहा तथा कोई भी फंडामेंटल शेयर 50 प्रतिशत बढ़ता तो प्रॉफिट बुक करके मूल 5400 रुपए के वापस कोई फंडामेंटल शेयर ले लेता। वह मुनाफे को कैश में शामिल करके नंबर के अनुसार फंडामेटल, पैनी, ट्रेडिंग, ब्रेकआउट, जिस भी प्रकार के निवेश का नंबर होता, उसी प्रकार का निवेश करता रहा।

पूरे वर्ष में लगभग 27,649 तो नई राशि जुड़ गई। लगभग 33,142 का शेयरों में मुनाफा बुक कर लिया तो दो वर्ष पूरे होने पर उसकी कुल पोर्टफोलियो वैल्यू 1,31,247 रुपए थी।

8. तीसरे वर्ष लॉट साइज वापस 7.5:–7.5 प्रतिशत बढ़ा दिया, अर्थात् इस वर्ष फंडामेंटल शेयरों में प्रति शेयर 5,800 रुपए, पैनी में प्रति शेयर 2,900

रुपए ट्रेडिंग तथा ब्रेकआउट के प्रति शेयर 1,450-1,450 का निवेश किया।

आय का 10 प्रतिशत हिस्सा भी जोड़ता रहा। इस वर्ष कुल 31,331 तो नई राशि जोड़ी, 76,145 शेयरों में मुनाफा हो गया। तीन वर्ष बाद पोर्टफोलियो वैल्यू 2,47,656 रुपए हो गई।

9. चौथे वर्ष लॉट साइज वापस 7.5 प्रतिशत (निकटतम 100 रुपए के पूर्णांक में) बढ़ा दिया। इस वर्ष फंडामेंटल शेयरों में 6,200, पैनी में 3,100 तथा ब्रेकआउट, ट्रेडिंग में 1,550-1,550 का निवेश किया गया। उसका 10 प्रतिशत हिस्सा नया जोड़ने, पिछले शेयरों में बताए गए अनुशासन में प्रॉफिट बुक करने और होल्डिंग बढ़ाते रहने से मालिक की कृपा से इस वर्ष उसकी पोर्टफोलियो वैल्यू 5,00,000 से बाहर हो गई।

अब्दुल ने जबरदस्त उत्सव किया, अजमेरवाले ख्वाजा साहब को चादर चढ़ाई। उसकी शेयरों की सफलता, सिगरेट छोड़ने की चर्चा, सादगी व सच्चाई से रहने की चर्चा सुनकर उसका निकाह भी एक खानदानी लड़की से हो गया।

इस अध्याय से हमने क्या सीखा ?

प्रतिमाह आय का 10 प्रतिशत हिस्सा बचाकर अपने शेयर बाजार की बढ़ोतरी के लिए निवेश करना है तथा यह हिस्सा 10 प्रतिशत से न तो एक रुपया कम, न एक रुपया ज्यादा होना चाहिए। आपने देखा होगा, अब्दुल का प्रतिमाह 10 प्रतिशत, जो हिस्सा कहानी में बताया था, वह 2,563, 2,598, 2,743 ऐसे है, न कि लम-शम में 2,000-3,000-2,600—ऐसे है, क्योंकि 'बेबीलोन का सबसे अमीर आदमी' पुस्तक के अनुसार इसी अनुशासन से कोई ऐसी गैबी ताकत सक्रिय होती है, जिससे हमारी आय व धन अपने आप बढ़ने लगता है। इसका अनुभव मेरा कंप्यूटर ऑपरेटर हरीश कुमार प्रजापत (वास्तविक नाम) इस पुस्तक को टाइप करते-करते ही कर चुका है। वह आनेवाले कल का अब्दुल बननेवाला है। योगेंद्र (बदला हुआ नाम) इस पुस्तक की कहानी का विलेन है, क्योंकि मैं उसको एक साल से कह रहा हूँ कि वह अपनी आय का 10 प्रतिशत बचाकर शेयरों में लगाने पर बहानेबाजी

कर रहा है। कभी कहता है—''सर, खर्चे इतने ज्यादा हैं, बच्चों की फीस भरनी पड़ती है। बचा ही नहीं सकते।'' कभी कहता है, "किराने की दुकान में मुझे पता ही नहीं चलता, मेरी आय कितनी है। आपको तो तनख्वाह मिलती है, इसलिए पता चलता है कि पूरा-पूरा 10 प्रतिशत कितना होता है।" मैंने उसको समझाया, "चलो, मान लिया किराने की दुकान में आपकी वास्तविक आय का अनुमान नहीं लगता, पर टर्न-ओवर तो निकलता है। शाम को गल्ले में पैसे गिनो। मान लो, रात को गल्ले में 2,447 की राशि सामान बेचने से आई। दिन में एक व्यापारी को भी आपने गल्ले में से 1,147 रुपए का भुगतान किया था तो आपने पूरे दिन में 2,447+1,147=3,594 रुपए का गल्ला किया (टर्न-ओवर किया)। काल्पनिक रूप से मान लीजिए, इस पर 10 प्रतिशत मुनाफा तो आपने कमाया ही होगा। आपका उस दिन का मुनाफा लगभग 360 रुपए और उसका 10 प्रतिशत लगभग 36 रुपए आप निकालकर अलग रख सकते हैं या डायरी में अलग नोट कर सकते हैं।"

पर योगेंद्र कहता है, "सर, इससे क्या फर्क पड़ता है ? मैं कभी-कभी 1,000 या 3,000 भी शेयरों के खाते में एक साथ डाल देता हूँ।"

इस अनुशासनहीनता के कारण अब्दुल की तरह योगेंद्र पर धन की वह जादुई शक्ति सक्रिय नहीं हो पाती। न योगेंद्र खुद रिसर्च करके शेयर लेता है, यहाँ तक कि वह मेरा एप भी नहीं पढ़ता है, मेरे ब्लॉग भी नहीं पढ़ता। कहता है, "सर, अंग्रेजी में है, अंग्रेजी नहीं आती।" वैसे योगेंद्र बी.कॉम. पास है, पर भारत के कर्णधारों की ऐसी अच्छी शिक्षा नीति है कि बी.कॉम. पास आदमी बेशर्म होकर कहता है कि अंग्रेजी नहीं आती! तो भाई, सीख लो! मैंने भी बाद में ही सीखी है। अंग्रेजी सीखना आसान है—टेंस ग्रामर मत सीखो, सीधा अंग्रेजी पढ़ने का अभ्यास करो। रोज एक पृष्ठ किसी अंग्रेजी कहानी, उपन्यास या लेख का पढ़ लो। बस, छह महीने में काम हो जाएगा।

एक अंग्रेज को हिंदी सीखनी थी। वह एक मास्टरजी के पल्ले पड़ गया। मास्टरजी ने उसको संज्ञा, सर्वनाम, विशेषण रटाने चालू कर दिए। कहा कि भाई, व्याकरण आए बगैर हिंदी नहीं आ सकती। पाँच दिन में ही अंग्रेज ने तो

न कर ली—नहीं, हिंदी नहीं सीखनी। मेरे को वैसे ही मास्टरजी मिलते हैं, जो टेंस, ग्रामर सिखाने में पड़े रहते हैं और हम बी.कॉम. पास होकर भी अंग्रेजी में अपने आप को अनाड़ी बताते हैं।

"अपने मोबाइल में 'हैलो इंग्लिश' एप ले लीजिए और शुरू से सीखना चालू कर दीजिए।"

योगेंद्र कहता है, "सर, इतना टाइम नहीं है। घरेलू समस्याएँ हैं। पापा सारे दिन लड़ाई करते हैं। मम्मी बीमार हैं। मेरे लड़के को ट्यूशन कहाँ भेजूँ, यह भी एक समस्या है, जिससे टाइम नहीं मिलता।" तो योगेंद्र को एक दिन में 24 घंटे ही मिलते हैं।

भगवान् ने मुझे शायद एक दिन में 48 घंटे दिए होंगे!

बहरहाल, योगेंद्र अगरबत्ती शेयर लेता है, अर्थात् जब भी मैं उसकी दुकान पर अगरबत्ती का पैकेट लेने जाता हूँ, तब वह पूछता है—

"सर, आंध्रा बैंक में तो प्रॉफिट बुक कर लिया।"

मैं पूछता हूँ, "अच्छा, कितना प्रॉफिट, पूरा 20 प्रतिशत क्या?"

वह कहता है, "नहीं सर, 12 प्रतिशत में ही निकल गया, क्योंकि मैं डर गया था, वापस गिर जाएगा। पिछली बार आंध्रा बैंक 16 प्रतिशत ऊपर गया था। आपके 20 प्रतिशत के लालच में बैठा रहा तो वह वापस गिर गया था। मुश्किल से ऊपर आया तो 12 प्रतिशत में ही निकल गया। मेरे लिए इतना मार्जिन काफी है। दुकानदारी में तो इतना भी नहीं मिलता।"

योगेंद्र अगरबत्ती का पैकेट निकालता है। हाथ में लेता है, पर मुझे न देकर हाथ थोड़ा पीछे करके पूछता है, "सर, आंध्रा बैंक तो बेच दिया, अब कोई नया माल लेना है। कौन सा शेयर लूँ है?"

मैं कहता हूँ, "भाई, खुद रिसर्च करो।"

वह कहता है, "सर, आप जानते हैं, टाइम नहीं मिलता। आज तो पूजा नहीं की, दुकान पर आ गया।" वैसे व्हाट्सएप पर वह ऑनलाइन दिखता है। मोबाइल भी लगभग उसके कान से चिपका रहता है।

मैं कहता हूँ, "तो भाई, मेरे ऐप में पढ़ लो।"

वह कहता है, “सर, कहा तो है आपको कि अंग्रेजी नहीं आती।”

मैं उसके हाथ में अगरबत्ती के पैकेट की तरफ देखकर कुछ सोचता हूँ। उस समय जो मेरे मुँह में आ जाए, बोल देता हूँ—“कैंटाबिल रिटेल ले लो।”

“ओ.के. सर, धन्यवाद! पधारना सर। (पधारना यहाँ मारवाड़ी में प्रयोग होता है, जो जाते समय कहते हैं तो उसका अर्थ है—सम्मानपूर्वक वापस बुलाना),आपकी अगरबत्ती के 22 रुपए हुए।”

मैं अगरबत्ती ले लेता हूँ। वह कैंटाबिल रिटेल के टिप ले लेता है। जब भी मेरी अगरबत्ती खत्म होगी, वह अगला शेयर लेगा तो इसे कहते हैं—‘अगरबत्ती शेयर’। इसे कहते हैं—किताब का विलेन!

वैसे मेरे टिप से मुझे 1 रुपए का फायदा भी होता है। वह कहता है, “सर, दूसरों को यह अगरबत्ती 23 की देते हैं, आपको 22 की दी है।”

“धन्य हो मेरे भाई!” मैं कहता हूँ—“योगेंद्र, मुझे 24 की देनी थी, क्योंकि मैं तो पैसेवाला हूँ। जो उस झोंपड़ी में रहनेवाली गरीब विधवा है, उसको 22 की देनी थी।” तो वह कहने लगता है—“सर आप भी न! आप जानते नहीं उनको, गरीब लोग तो ज्यादा बदमाश होते हैं।”

मैं अब योगेंद्र को क्या समझाऊँ कि गरीब लोग बदमाश होते हैं, यह कहना कितना गलत सोच का प्रतीक है।

□

इंटराडे व फ्यूचर एंड ऑप्शन में कामयाब कैसे हों?

अगले दिन राव साहब अब्दुल को लेकर मेरे घर पर आ गए। उस दिन मेरी छुट्टी थी, यद्यपि मैं छुट्टी के दिन शेयर बाजार की चर्चा करनेवालों के साथ समय बरबाद नहीं करना चाहता।

इसका अर्थ यह नहीं है कि मैं शेयर बाजार का अपना ज्ञान आपसे बाँटना नहीं चाहता या किसी की मदद नहीं करना चाहता, बल्कि इसका एक कारण यह है कि पिछले 12 वर्षों के अपने अनुभव से मैंने यह देखा है कि ज्यादातर लोग मेरे द्वारा दिए जानेवाले ज्ञान को सीखना ही नहीं चाहते। उनके दिमाग की खिड़कियाँ बंद होती हैं। वे इसे खोलना ही नहीं चाहते। वे कहते हैं, "हमारे पास टाइम नहीं है। आप तो फ्री हैं, इसलिए हम आपको हमारे पैसे ला देते हैं। आप करते रहना, जो करना है। आप हमें पर विश्वास है। आप कमा के हमें देते रहना।"

मुझे बड़ी चिढ़ और खीझ होती है, यह सुनकर कि हमारे पास टाइम नहीं है। आप फ्री हैं तथा वह मुझे पैसे देने को तैयार है। तो जब मैं अपना व अपनी पत्नी का शेयर बाजार का खाता भी मैंटेन नहीं कर सकता तो उनका कैसे कर सकूँगा? दूसरा, मैं सरकारी नौकरी भी करता हूँ, ब्लॉग भी लिखता हूँ, यू-ट्यूब चैनल भी चलाता हूँ। अपनी पत्नी की सहायता भी करता हूँ। (पत्नी की सहायता उसके—सीमा के रसोई चैनल में वीडियो अपलोड करवाने में, उसके ट्रेडिंग खाते को मैंटेन करवाने में, उसके आयकर के हिसाब को मैंटेन करवाने में) फिर मैं फ्री और मेरे मित्र व्यस्त कैसे हुए? इसका कारण मैं

आपको बता देता हूँ। आप कहाँ व्यस्त रहते हैं—

1. दोस्तों से मोबाइल पर लंबी बातें करने में, जिनमें से ज्यादातर बातें व्यर्थ व लंबी होती हैं। मोबाइल कंपनियों के सस्ते व फ्री प्लान के कारण कुछ नासमझ लोग अपना ज्यादातर समय बातों में जाया कर रहे हैं। ज्यादा बोलने से आपकी शारीरिक व मानसिक शक्ति का अपव्यय होता है। मौन से मन की शक्ति बढ़ती है।
2. मोबाइल पर बार-बार फेसबुक, व्हाट्सअप, ट्विटर, यू-ट्यूब, इ-मेल्स चेक करने की आदत में आपका समय जाया हो रहा है। इस समय को आप शेयर बाजार सीखने व ट्रेड करने में, अपने आय कर का हिसाब रखने में खर्च कर सकते हैं।
3. कभी आपने सोचा है कि बी.एम.डब्ल्यू., फरारी आदि महँगी कारों का टी.वी. पर विज्ञापन क्यों नहीं आता ? इसलिए नहीं आता कि ये कंपनियाँ जानती हैं कि उनके खरीदार बड़े-बड़े उद्योगपति हैं। उनके पास इतना समय नहीं है कि वे टी.वी. पर प्रोग्राम देखकर अपना समय बरबाद करें। तो जरूरत से ज्यादा टी.वी. देखना भी समय बरबाद कर देता है।
4. दूसरों के कार्य में हस्तक्षेप करना, दूसरों की बुराई करना, दूसरों की आलोचना, टीका-टिप्पणी आदि आपके समय के चोर हैं। यह भगवान् का दिया ऑटोमैटिक दंड है। आप जितना दूसरों की बुराई, टीका-टिप्पणी व आलोचना में रस लेंगे, उतना आपका समय खराब होगा और आप विकास नहीं कर पाएँगे। चाहे आप यह आलोचना सहकर्मियों की करें, राजनेताओं की करें, अपने रिश्तेदारों की करें, अपने परिवार की करें, धर्मों की करें, जातियों की करें, जमाने के खराब होने की करें, मौसम की करें, फिल्मी पात्रों की करें, धारावाहिकों के कलाकारों की करें, किसी की भी करें, एक ही परिणाम आएगा,—आपका समय खराब होगा। आप विकास नहीं कर पाएँगे। आपका मन खराब होगा। आपको सब बुरा दिखेगा।

आपको चिड़चिड़ाहट महसूस होगी, खीझ होगी और आप कहेंगे—

'मेरे पास टाइम नहीं है। मैं बहुत व्यस्त हूँ, बाकी सब फ्री बैठे हैं।'

अब मैं विषय पर वापस आ जाता हूँ। चूँकि अब्दुल मेरे ज्ञान को बराबर पचा रहा था, अतः ऐसे आदमी के लिए तो मैं एक छुट्टी क्या, हजार छुट्टियों को कुरबान कर सकता हूँ और राव साहब को बचाने के लिए भी छुट्टी कुरबान करना आवश्यक था।

मैंने ज्ञान चर्चा में भाग लेने के लिए योगेंद्र को भी बुलाना उचित समझा। उसको फोन किया तो वह बोला, "जय महादेव सर! (यह उसका अभिवादन करने का तरीका है) अरे सर, ग्राहकी है, कैसे आऊँ, और सीखना क्या है? सब आता ही तो है। मैं तो बाद में आप जब अगरबत्ती लेने आओगे, तब सीख लूँगा। आप सर, दुकान पर एक बार पधारना (आना), आपके लिए गूगल की एक नई अगरबत्ती आई है। स्पेशल अहमदाबाद की मशहूर अगरबत्ती है।" मैंने उससे कहा, "ठीक है, कोई बात नहीं।" मैंने राव साहब व अब्दुल से पूछा कि उन्होंने कभी इंटराडे ट्रेड किया है? दोनों का जवाब न में था। अब्दुल बोला, "सर, आप ही तो मना करते हैं इंटराडे व फ्यूचर एंड ऑप्शन के लिए।"

मैंने जवाब दिया, "देखो, अच्छा तैराक बनने के लिए तीन आवश्यक शर्तें होती हैं—

(1) तैराक को तैरने की जानकारी होनी चाहिए।

(2) तैराक का वजन एक निश्चित सीमा तक होना चाहिए। ज्यादा वजन का तैराक आपने कभी नहीं देखा होगा।

(3) उसे तैरने का पर्याप्त अभ्यास होना चाहिए।

नहीं तो तैराक डूब सकता है। इसी प्रकार इंटराडे व फ्यूचर एंड ऑप्शन में ट्रेड शुरू करने के लिए आवश्यक शर्तें हैं, नहीं तो आप इस महासागर में डूब सकते हैं, जैसे राव साहब डूब गए हैं।

(1) आपको इंटराडे, फ्यूचर एंड ऑप्शन, शेयर बाजार की सभी तकनीकों—टेक्नीकल एनालिसिस, फंडामेंटल एनालिसिस की पर्याप्त जानकारी होनी चाहिए।

(2) आपकी शेयर बाजार में लगाने की न्यूनतम कैपिटल इंटराडे के लिए 2 लाख रुपए, ऑप्शन ट्रेडिंग के लिए 3 लाख रुपए और फ्यूचर ट्रेडिंग के लिए 8 लाख रुपए से कम नहीं होनी चाहिए तथा यह पूँजी भी उधार ली हुई पूँजी नहीं होनी चाहिए, न ही ऐसी पूँजी होनी चाहिए, जिसकी आपको कम समय में आवश्यकता हो, न ही यह आपकी बचत हो, जो शादी-विवाह में चाहिए। मकान बनाने के लिए चाहिए, उसकी पूँजी नहीं होनी चाहिए। यह पूँजी आपकी व्यापार में लगानेवाली कार्यशील पूँजी होनी चाहिए, जो आपकी बचत व दैनिक खर्चों के अलावा आपने अलग निकाली हो (जो पाठक इस बिंदु को नहीं समझे, इसका अर्थ है, वे इस पुस्तक को शुरू से नहीं पढ़ रहे। वे इसके पृष्ठ छोड़-छोड़कर पढ़ रहे हैं। वे अध्याय 3-4 वापस पढ़ें। उनको समझ में आ जाएगा कि कार्यशील पूँजी कैसे आपकी बचत से अलग है।

अब्दुल का पोर्टफोलियो अब 5 लाख रुपए से ऊपर हो गया है। वह चाहे तो अब इंटराडे व ऑप्शन ट्रेडिंग दोनों शुरू कर सकता है; परंतु फ्यूचर ट्रेडिंग के लिए उसको अभी भी कार्यशील पूँजी के 8 लाख रुपए से ऊपर होने का इंतजार करना चाहिए।

(यह पुस्तक वर्ष 2017 में लिखी गई है, इसलिए यदि आप इस पुस्तक को 2017 से आगे के वर्षों में पढ़ रहे हैं तो पिछले वर्षों में बढ़ी मुद्रास्फीति की दर के अनुसार इस न्यूनतम राशि को समायोजित करके देखें। आप चाहें तो निफ्टी को मानक मानकर भी इस न्यूनतम राशि को कम-ज्यादा कर सकते हैं। वर्ष 2017 में मैंने जब यह पुस्तक लिखी, तब निफ्टी 10,000 के आसपास था। ऐसी स्थिति में मैंने न्यूनतम कैश की आवश्यकता इंटराडे के लिए 2 लाख, ऑप्शन ट्रेडिंग के लिए 3 लाख, फ्यूचर के लिए 8 लाख बताई है। अब मान लो, आप पुस्तक पढ़ रहे हैं, उस समय निफ्टी 12,000 के आसपास हो तो यह राशि 20 प्रतिशत बढ़ाकर पढ़ें और 8,000 के आसपास हो तो यह राशि 20 प्रतिशत कम करके पढ़ें।)

अब आपको मेरा इंटराडे एवं फ्यूचर एंड ऑप्शन ट्रेडिंग का शेयर जीनियस फॉर्मूला समझना पड़ेगा। इस फॉर्मूले को समझानेवाले मेरे दो यू-ट्यूब वीडियो भी हैं। पर पुस्तक को टाइप करते-करते मेरे कंप्यूटर ऑपरेटर ने मुझसे कहा, "इस पुस्तक में लगता है कि आप अपनी पिछली तीन पुस्तकों, यू-ट्यूब चैनल एवं एप का विज्ञापन कुछ ज्यादा ही कर रहे हैं।" इसलिए इस बार मैं ऐसा नहीं कहूँगा कि आप मेरे यू-ट्यूब चैनल पर जाकर इस बारे में सीख सकते हैं। इस बार मैं पूरी डिटेल बताऊँगा।

दरअसल जब हम इंटराडे ट्रेडिंग करते हैं, ऑप्शन ट्रेडिंग करते हैं या फ्यूचर ट्रेडिंग करते हैं तो इन तीनों मामलों में हम लीवरेज (ऋण) की शक्ति का प्रयोग करते हैं।

लीवरेज का अर्थ है—उधार लेकर कार्य करना या अपनी हैसियत से परे जाकर कार्य करना। लीवरेज की शक्ति विद्युत् की शक्ति की तरह ताकतवर होती है। यह आपको तेजी से धनवान् भी बना सकती है और तेजी से सड़क पर भी ला सकती है।

जैसे विद्युत् का प्रयोग, विद्युत् के नियम जानकर इंजीनियरिंग से बनाए गए विद्युत् उपकरणों, विद्युत् तारों, पावर हाउसों के माध्यम से करते हैं तो यह विद्युत् की शक्ति हमारे लिए बहुत उपयोगी साबित होती है तथा यह हमारे जीवन के सभी कार्यों को बहुत ही आश्चर्यजनक तरीके से करती है। आप 5 मिनट के लिए सोचें कि विद्युत् हमारे लिए कितनी उपयोगी होती है, जब हम इसका नियमों से और नियमित तरीके से उपयोग करते हैं; परंतु क्या होगा, जब हम बिजली के नंगे तारों को सीधे ही पकड़कर लाभ प्राप्त करने का प्रयास करें ? तो यह शक्ति हमें जलाकर राख कर देगी।

ठीक इसी प्रकार इंटराडे एफ एंड ओ में प्रयोग किए जानेवाली मार्जिन की शक्ति, जो एक प्रकार का ऋण (उधार) या लीवरेज ही है, के बारे में आप समझ सकते हैं। इसका प्रयोग यदि आप नियमों के दायरे में करते हैं तो यह पॉवर (शक्ति) है तथा अनुशासनहीनता से सीधे, बगैर सोचे-समझे प्रयोग करते हैं तो यह आग से खेलना है, जो आपको बरबाद कर देगा।

मैं हमेशा कहता हूँ, "फ्यूचर एंड ऑप्शन व इंटराडे छोटे निवेशकों के लिए नहीं है। यह एक प्रकार का सट्टा भी है, जिसकी लत आपको बरबाद कर सकती है। मैंने कभी भी छोटे निवेशकों को इसकी सहायता से अमीर बनते नहीं देखा।"

तो मैं आज इस पुस्तक में अपने बताए उपदेशों को बदल क्यों रहा हूँ ? नहीं, मैं बिल्कुल नहीं बदल रहा। मैं आज भी अपने उपदेश पर कायम हूँ। परंतु आप इसे गलत समझ रहे हैं। आपने इस पुस्तक को शुरू से पढ़ा है और आप अब्दुल की तरह करते-करते 2 लाख की स्थिति में पहुँचते हैं तो इसका अर्थ है—आपके ये 2 लाख आपकी आय के 10 प्रतिशत हिस्से से आपने जमा किए हैं, अर्थात् आप 20 लाख रुपए कमा चुके हैं। आपके पास ये 2 लाख रुपए अपने घर-खर्च व शादी-विवाह के खर्च के लिए, बच्चों की उच्च शिक्षा के लिए की गई बचत को बचाने के बाद अतिरिक्त पूँजी है तथा इस स्तर तक आने तक आप कैश में शेयर खरीदने/बेचने के पूरी तरह से अभ्यस्त हो चुके हैं और इस स्तर तक आने के बाद भी आपको कैश में शेयर खरीदने/बेचने का कार्य बंद नहीं करना है।

तो अब आप छोटे निवेशक नहीं हैं। अब आप बड़े निवेशक बन चुके हैं। आपके पास (अब्दुल के पास) अब शेयर मार्केट के उतार-चढ़ाव का पर्याप्त अनुभव है। वह शेयर को बी.एस.ई. की साइट पर देखते ही उसकी चाल पहचान सकता है। उसको अब किसी से टिप लेने की आवश्यकता नहीं है। (अमीर लोग टिप लेते नहीं, देते हैं।) अब अब्दुल इस स्तर पर आ गया है कि वह दूसरों को टिप देता है। तो अब अब्दुल को क्या करना है ? उसको कैश मार्केट में अपने निवेश करने के पैटर्न को प्रतिवर्ष 7.5 प्रतिशत (नजदीकी 100 रुपए में) बढ़ाकर निवेश को बढ़ाते हुए जारी रखना है।

उसके पास जो शेयर इस समय होल्ड हैं, उनमें से सिर्फ 2 लाख रुपए के शेयर बेचकर कैश अलग करना है, बाकी के शेयरों तथा आय के 10 प्रतिशत हिस्से से, जो वह प्रतिमाह जमा कर रहा है, पूर्व की तरह कैश मार्केट में बेचना-खरीदना जारी रखना है।

इसमें जो गलतियाँ छोटे निवेशक करते हैं, वे ये भी हैं कि वे इंटराडे व फ्यूचर एंड ऑप्शन में ट्रेड प्रारंभ करने के बाद कैश का कारोबार बिल्कुल बंद कर देते हैं; क्योंकि वे लीवरेज का फायदा लेने के लिए लालची हो जाते हैं।

दूसरा, वे यह भी गलती कर सकते हैं कि वे यह किताब पढ़ते ही अपने पोर्टफोलियो के अच्छे शेयर अंधाधुंध बेचकर 2 लाख रुपए जमा कर सकते हैं।

यह भी गलत है। ऐसी क्या जल्दी है ? आप प्रॉफिट बुक अपनी स्पीड से ही करें। बस, प्रॉफिट बुक करने से प्राप्त राशि को एक बार नए शेयरों में न लगाकर 2 लाख रुपए जमा होने तक सेविंग में ही रखें।

तीसरी गलती। कुछ पाठक ज्यादा होशियार बन सकते हैं। वे सोचेंगे कि मुझे शायद यह पता ही नहीं है कि हम अपने पोर्टफोलियो के शेयरों को गिरवी रखकर अपनी ब्रोकरेज कंपनी से इंटराडे और एफ एंड ओ में ट्रेड करने के लिए मार्जिन मनी ले सकते हैं। ऐसा करने पर हमें अपने शेयर बेचने की जरूरत भी नहीं है।

इसमें ऐसा होता है कि ब्रोकरेज कंपनी या आपका डीमेट खाता खोलनेवाला बैंक आपके शेयरों को गिरवी रखकर आपके खाते में 80 प्रतिशत तक राशि मार्जिन दे देता है। इसे उनकी भाषा में 'हेयरकट' बोलते हैं—अलग-अलग शेयरों की वोलेटीलिटी के आधार पर हेयरकट अलग-अलग हो सकता है। यहाँ लगभग 20 प्रतिशत हेयरकट माना है और 80 प्रतिशत आपको मार्जिन में मिल जाएँगे, ऐसा माना है।

इसका मतलब है कि आप अपने पोर्टफोलियो के 3 लाख शेयर गिरवी रख देते हैं तो बैंक आपको लगभग 2.40 लाख मार्जिन मनी दे देगा। तो फिर शेयर बेचने की आवश्यकता क्या है ?

मैं वापस बताना चाहूँगा कि आपने पिछले अध्यायों में जैसा पढ़ा है, वैसे-वैसे उचित मुनाफा बुक करने के बाद जो शेयर बेचते हैं, उनसे प्राप्त रकम से ही आपको यह 2 लाख की मार्जिन मनी डे ट्रेडिंग के लिए अलग करनी है। शेयर गिरवी रखकर कतई नहीं करनी है।

इसका कारण है कि शेयर गिरवी रखते समय तथा छुड़ाते समय आपका

ब्रोकर बहुत बड़ी राशि स्टांप ड्यूटी व प्रोसेसिंग फीस की चार्ज कर लेगा। दूसरा कारण यह है कि जब मार्केट बहुत तेज गति से टूटेगा (मार्केट जब टूटने पर आता है तो कई बार बहुत तेज गति से टूटता है), तब बैंक हेयरकट की राशि बढ़ा देगा; क्योंकि गिरते मार्केट में जब आपके शेयरों के भाव रोज 5–6 प्रतिशत टूट रहे हों, तब बैंक 15–20 प्रतिशत हेयरकट को बढ़ाकर 35–40 प्रतिशत कर देगा, अर्थात् अब आपको 3 लाख रुपए के शेयर गिरवी रखने पर बैंक उसको 60 प्रतिशत, अर्थात् 1,80,000 ही मार्जिन मनी देगा।

दूसरी घटना यह होगी कि जब मार्केट गिरेगा तो शेयर, जो आपने बैंक में गिरवी रखे थे, उस समय गिरने पर उनकी वैल्यू 3 लाख थी, पर मार्केट गिरने पर उनकी वैल्यू भी गिरकर 2.50 लाख के करीब हो सकती है। तब बैंक यदि 40 प्रतिशत हेयरकट लगाएगा तो आपका मार्जिन मनी अब 1,50,000 ही रह जाएगा।

तीसरी घटना यह होगी कि अचानक मार्केट गिरने से आपकी इंटराडे होल्डिंग में भी आपको नुकसान होगा, जिससे जब आपका नुकसान आपके मार्जिन 1,50,000 से जैसे ही ज्यादा होने लगेगा, बैंक आपके गिरवी रखे शेयर बेचकर यह नुकसान बुक कर लेगा, जैसे कि राव साहब के मामले में सिस्टम ने ऑटोमैटिक लॉस बुक कर दिया था। अब आपके पास न आपके शेयर रहेंगे, न आपकी लीवरेज होल्डिंग रहेगी, रहेगा तो सिर्फ पश्चात्ताप। इसलिए शेयर गिरवी रखकर मार्जिन लेना तीसरी गलती है।

इस पुस्तक में बताई गई विधि के अनुसार शेयरों में निवेश करते-करते जब भी आपका पोर्टफोलियो 5 लाख की वैल्यू को पार कर जाए, जैसा अब्दुल की कहानी में हुआ है, तब आप धीरे-धीरे, जैसे 2 लाख रुपए कैश इकट्ठा कर लें तो समझें कि आपने मेरी विधि से इंटराडे में ट्रेड करने की न्यूनतम योग्यता प्राप्त कर ली है।

अब मैं आपको मेरे 'शेयर जीनियस फॉर्मूले' की जानकारी दूँगा।

प्रतिदिन रात्रि को जब आप भोजन कर लें, लगभग 8–9 बजे तक शांति से अपना कंप्यूटर खोलें, उसमें गूगल खोलें तथा सर्च करें—'मनीकंट्रोल पॉजिटिव ब्रेकआउट'। अब मनीकंट्रोल की वेबसाइट पर एक पेज खुलेगा, जिसमें ऐसे

शेयर बताए गए होंगे, जो उस दिन उनकी 30 डी.एम.ए., 50 डी.एम.ए., 150 डी.एम.ए., 200 डी.एम.ए. से ऊपर बंद हुए होंगे।

यहाँ यह ध्यान रखें कि शेयर उसकी चारों डी.एम.ए. (30, 50, 150, 200) से ऊपर बंद होना चाहिए, तब आपको ऐसे शेयर डायरी में नोट कर लेने हैं।

ऐसे लगभग 7–8 शेयर हो सकते हैं।

अब आपको बी.एस.ई. इंडिया की साइट पर इन शेयरों का उस दिन का ट्रेडिंग विवरण सर्च करना है तथा उस दिन इन शेयरों के ओपन प्राइस को क्लॉस प्राइस में से घटाकर देखना है। यह आँकड़ा सकारात्मक (पॉजिटिव में) आना चाहिए, जैसे शेयर का खुलने का भाव 33.10 रुपए और बंद होने का भाव 33.40 रुपए है तो 33.40–33.10= 0.30 पॉजिटिव में आता है।

यदि किसी शेयर में यह आँकड़ा नकारात्मक आए तो उसे इस सूची में से हटा देना है, जैसे खुलने का भाव 33.10 और बंद होने का 32.90 हो तो 32.90–33.10= –0.20, जो नकारात्मक होने से उस शेयर को सूची में से हटा देना है। यह जाँच करने पर आपने जो 6–7 ऐसे शेयर छाँटे हैं, जो उनकी 30, 50, 150, 200 दिन की मूविंग एवरेज से ऊपर बंद हुए हैं, उनमें से 2–3 शेयर बाहर निकल जाएँगे। अब आपके पास 4–5 शेयर बचेंगे।

इस सूची पर लिखना है—'शेयर, जिनके कल बढ़ने की संभावना है।'

अब एक सूची और तैयार करनी है, जिसको नाम देंगे, 'शेयर, जिनके कल घटने की संभावना है।'

इसके लिए जो आपने मनीकंट्रोल में पॉजिटिव ब्रेकआउट वाला पेज गूगल में सर्च करके खोला था, उसके ऊपर ध्यान से देखेंगे तो लिखा मिलेगा—'नेगेटिव ब्रेकआउट'। आप उस पर क्लिक करें। ऐसे शेयरों की सूची आएगी, जो उस दिन उनकी 30, 50, 150 या 200 डी.एम.ए. से नीचे बंद हुए होंगे।

इस सूची में से ऐसे शेयर छाँटें, जिनका बंद होने के भाव में से खुलने का भाव कम करते हैं तो यह आँकड़ा नकारात्मक आना चाहिए, जैसे शेयर 44.10 पर खुला और 42.30 पर बंद हुआ तो 42.30–44.10=( ) 1.80

नकारात्मक आता है। इस सूची में भी 2 या 3 या 4 जितने भी शेयर आएँ, नोट कर लीजिए।

अब आप इशा की नमाज अदा करके सोने चले जाइए। (चौंकिए मत, यह अब्दुल को संबोधित कर रहा हूँ। इसलिए मैंने उसे इशा की नमाज अदा करके सोने जाने को कहा। आप चाहे किसी भी धर्म को मानते हों, सोने से पहले परमात्मा का धन्यवाद करना आपका जीवन बदल सकता है। यहाँ मैं कोई विज्ञापन नहीं कर रहा। पर इस विषय में ज्यादा जानकारी के लिए आपको 'जादू' पुस्तक का अध्ययन करना चाहिए। मैं इस पुस्तक के अंत में उन सब पुस्तकों की सूची दे दूँगा, जिन्हें इस पुस्तक में अभिशंसित किया गया है।) अगले दिन मार्केट 9.15 पर खुलेगा, आप शांति रखें। 10 बजे तक कुछ नहीं करें। 10 बजे अपनी दोनों सूचियों को उठाएँ, जो आप रात को ही तैयार करके सो गए थे।

अगले दिन मार्केट खुलने के बाद बी.एस.ई. इंडिया की वेबसाइट खोलें। आपकी दोनों सूचियों में जो शेयर हैं, उनके 10 बजे तक के आँकड़े चेक करें। पहले वह सूची उठाएँ, जिस पर लिखा था—'शेयर, जिनके बढ़ने की संभावना है।' इसमें जो 4–5 शेयर आपने रात को छाँटे थे, उनके पिछले क्लोज प्राइस (कल के बंद भाव) को आज के खुलने के भाव में से घटाकर देखें। यदि सकारात्मक आँकड़ा आता हो, अर्थात् स्टॉक आज भी ऊपर ही खुला हो तो आप इसे इंटराडे में लगभग 2 प्रतिशत का टारगेट रखकर खरीदें। यहाँ पर 10 बजे तक स्टॉक ने जो भी लो बनाया हो, उसे भी एक तरफ लिख लें। उसे आपको स्टॉप लॉस की तरह प्रयोग करना है।

उदाहरण के तौर पर, आप सोमवार की रात को देखते हैं कि एच.सी. एल. टेक का शेयर सोमवार को 845.30 पर खुलकर 860.42 पर बंद हुआ था और उसकी 30 डी.एम.ए. 850.10 थी। इसलिए वह ब्रेकआउट की श्रेणी में भी आ रहा था तो आपने इसको अगले दिन खरीदनेवाली सूची में रख दिया। अब अगले दिन 10 बजे आप देखते हैं कि एच.सी.एल. टेक 862.60 पर खुला था और 857.40 तक लो बनाया तथा अभी (10 बजे के आसपास)

866.13 पर ट्रेड कर रहा है तो आज का खुलने का भाव 862.60 में से कल के बंद होने के भाव 860.42 को घटाते हैं तो 2.18 प्राप्त होता है, जो नेगेटिव में नहीं है। इसलिए स्टॉक ने तीनों शर्तें पूरी कर दी हैं—

1. 30 दिन की मूविंग एवरेज से ऊपर बंद हुआ था।
2. जिस दिन 30 दिन की मूविंग एवरेज से ऊपर बंद हुआ, उस दिन अपने खुलने के भाव से ऊपर बंद हुआ था।
3. अगले दिन भी ऊपर ही खुला है।

इसलिए आप 866.13 के आसपास इंटराडे पोजीशन लेते हैं। मान लीजिए, आपका ब्रोकर आपको 20 प्रतिशत के मार्जिन पर पोजीशन लेने देता है तो आपको 20,000 की मार्जिन मनी पर लगभग 1,00,000 रुपए के एच.सी.एल. टेक के शेयर खरीदने की सुविधा मिल जाती है, अर्थात् आप 866.13 के भाव पर 115 एच.सी.एल. टेक की पोजीशन सिर्फ 20,000 मार्जिन मनी लगाकर ले लेते हैं।

अब आपको लगभग 2 प्रतिशत का टारगेट लेकर चलना है, अर्थात् 883.46 के लगभग भाव अगले 1-2 घंटे में मिल जाएँ तो आपकी पोजीशन को कवर कर लेता है, अर्थात् आप 1,00,000 का 2 प्रतिशत राशि 2,000 रुपए इस ट्रेड में कमा लेंगे। इसमें 100 रुपए ब्रोकरेज भी कम कर देंगे तो आपको 1,900 रुपए का मुनाफा होगा; परंतु यह आदर्श स्थिति है। 12 बजे तक भी आपका 2 प्रतिशत का आदर्श टारगेट नहीं आता है तथा आपका ट्रेड मुनाफे में है, अर्थात् ब्रोकरेज निकालकर आपको 2,000 रुपए न सही, 600-700 का मुनाफा ही हो रहा है, अर्थात् भाव 870.71 पर ही पहुँचे हैं, तब भी आप मुनाफा ले लीजिए। डे ट्रेड में आपको 10 बजे के करीब एंट्री लेकर 12 बजे के करीब निकलने का सोचने लगना है।

मेरी पहली पुस्तक 'शेयर मार्केट में जीत के सिद्धांत' में मैंने जो इंटराडे ट्रेडिंग का फॉर्मूला बताया था (2013 के प्रथम संस्करण में), वह इस प्रकार था—

पहले दिन का बंद भाव, पहले दिन का खुला भाव पॉजिटिव हो तो शेयर

बाय करनेवाली सूची में रखना है, पर दूसरे दिन के फॉर्मूले में थोड़ा अंतर था।

ट्रेडवाले दिन का खुला भाव, पिछले दिन का बंद भाव नेगेटिव हो तो उसे खरीदना है। यहाँ अर्थ यह है कि कई बार चकमा देने के लिए जो शेयर बढ़नेवाला होता है, वह थोड़ा नीचे भी खुल सकता है। अत: यदि 10 बजे तक आपकी सूची में कोई शेयर नीचे भी खुला हो, अर्थात् आज का ओपन–पिछला बंद = नेगेटिव भी हो, पर 10 बजे तक शेयर बढ़कर पिछले बंद से ऊपर ट्रेड कर रहा हो तो भी आप इंट्राडे में उसे खरीद कर सकते हैं।

अर्थात्

पिछला बंद – पिछला खुला = पॉजिटिव

आज का खुला – पिछला बंद = नेगेटिव

10 बजे का प्राइस – पिछला बंद = पॉजिटिव

तो भी आप उस शेयर की इंटराडे में खरीद कर सकते हैं।

आपने एक शेयर में 20,000 का मार्जिन लगाकर एक लाख के शेयरों की पोजीशन ली तो तीन स्थितियाँ हो सकती हैं—

(1) 2 प्रतिशत पर आप प्रॉफिट बुक करके 2,000 रुपए कमा सकते हैं। यह आदर्श स्थिति है।

(2) आप सिर्फ 400–500 का लाभ ही बुक कर पाएँगे, अर्थात् 0.40 प्रतिशत से 0.50 प्रतिशत लाभ।

(3) आपने जो 10 बजे तक का सबसे निचला प्राइस था, उसे स्टॉप लॉस रखा तथा वह ट्रिगर हो गया, अर्थात् आपका शेयर उस भाव पर अपने आप बिक गया और आपको 500 से 1,000 रुपए का नुकसान हो गया।

अब पहली बात तो आप यह याद रखें कि 10 बजे तक का जो निचला भाव है, उसे स्टॉप लॉस रखें। बी.एस.ई. की वेबसाइट, एन.एस.ई. की वेबसाइट, मनीकंट्रोल की वेबसाइट, ऐसी बहुत सी वेबसाइट्स हैं, जिनमें ओपन प्राइस, हाई प्राइस, लो प्राइस लगातार अपडेट होते हैं। वे ट्रेडर्स की सुविधा के लिए ही तो हैं। आप आँखें बंद करके ट्रेड न करके इन सब को जरूर देखें।

यदि 10 बजे तक का निचला भाव आपके खरीद भाव के आसपास ही है, अर्थात् 10 बजे तक का निचला भाव 38.65 है तथा 10 बजे तक का भाव 38.70 है तो आप 0.05 पैसे का क्या स्टॉप लॉस रखेंगे ? ऐसा स्टॉप लॉस तो ट्रिगर हो जाएगा।

इसका अर्थ यह है कि स्टॉक अभी गिर रहा है। इसमें हाथ न डालें। आपका हाथ जल जाएगा। आप 10.15 तक 10.30 तक 11.00 तक और वाच करें। शेयर यदि 10 बजे तक के निचले भाव से भी कम-से-कम 0.50 प्रतिशत या 1 प्रतिशत तक ऊपर आ जाए, तब की पोजीशन लें। तब आपका स्टॉप लॉस आपके खरीद भाव के 0.50 प्रतिशत से 1 प्रतिशत ऊपर होगा और यह आदर्श स्थिति है। इसमें आपका अधिकतम नुकसान 500 से 1,000 रुपए तक सीमित रहेगा।

यहाँ यह बात हमेशा याद रखें कि इंटराडे में स्टॉप लॉस रखना बहुत जरूरी है। इसमें यदि नेकड पोजीशन (बगैर स्टॉप लॉस की पोजीशन 'नेकड पोजीशन' कहलाती है) रखी तो आपका पूरा मार्जिन 20,000 रुपए साफ हो सकता है, क्योंकि शेयर अप्रत्याशित रूप से 20 प्रतिशत तक नीचे भी गिर सकता है।

मैं जो स्टॉप लॉस नहीं रखना बताता हूँ, वह डिलीवरी की 3 माह से लेकर 3 साल की लंबी पोजीशन के लिए है, जो अब तक अब्दुल लेता रहा है। उसमें नुकसान के आसार नहीं के बराबर होते हैं। यह आप पिछले अध्यायों में पढ़ चुके हैं।

जैसाकि मैंने पहले कहा, "क्या हुआ राव साहब, रो क्यों रहे हो ?" राव साहब को रूमाल से आँसू पोंछते देखकर मैंने पूछा, "मेरे पास 0.37 पैसे हैं। आप जो तरीके बता रहे हैं, वे कम-से-कम 2,00,000 रुपए लगानेवाले के लिए हैं। आप मेरा समय बरबाद कर रहे हैं। कृपा करके मुझे 5,000 रुपए उधार दीजिए, मुझे नहीं सीखना यह शेयर बाजार। मैं आपसे 5,000 रुपए उधार लेकर वापस मुंबई जाऊँगा और अपना ऑटो पार्ट्स का काम करूँगा। मुझे मेरा सेठ वहाँ वापस रख लेगा और मैं आपके 5,000 रुपए भी जल्दी ही चुकता कर दूँगा।"

अब्दुल हँसा, "सर सबसे ज्यादा उधार देते हुए ही डरते हैं। इन्होंने मुझे भी कभी एक रुपया उधार नहीं दिया।"

मैंने स्पष्टीकरण दिया, "पहली बात तो यह राव साहब, आप पूरी रामायण तो गाने दीजिए (एक प्रकार की लोकोक्ति है। पूरी रामायण गाना, मतलब लंबी कहानी सुनाना या लंबी बात बताना)। मैं आपसे वादा करता हूँ, मैं आपको 37 पैसे से ही शुरू करवाऊँगा तथा बहुत जल्दी आपके डूबे हुए पैसे भी वापस लाऊँगा। आप मेरी तरफ देखिए तो जरा (मेरा ध्यान का अभ्यास काम में आया। राव साहब मेरे चेहरे के भाव देखकर ही शांति महसूस करने लगे।) आप प्रतिदिन 5–10 मिनट आँखें बंद करके शांत चित्त होकर जिस भी शक्ति को आप मानते हैं, चाहे आप उसे जो भी नाम दें, उसका ध्यान करें।

उस ओमकार, निराकार, गॉड, कर्ता पुरुष, द सुप्रीम पावर का ध्यान तो कीजिए जरा, जिसने आपको बनाया है, जिससे यह पूरा विश्व संचालित हो रहा है। विद्युत् की शक्ति से आपके सभी उपकरण चलते हैं, परंतु आपने कभी विद्युत् को नहीं देखा, उसका सिर्फ ध्यान कर सकते हैं कि ऐसी कोई शक्ति है, जो सभी विद्युत् उपकरणों को चलाती है। ऐसी ही कोई शक्ति आपके अंदर भी है, जो आपको चलाती है। यह शक्ति निकल जाएगी, उस दिन आपको या तो दफना देंगे या जलाकर राख बना देंगे। आप घमंड या अहंकार करना छोड़कर 10 मिनट तक सब लालच, काम, क्रोध, तनाव, चिंता, फिक्र, शेयर बाजार, उत्तेजना छोड़कर, आँखें बंद करके उस शक्ति को पुकारिए। आपके धर्म में उसको जो भी कहते हैं, उसी नाम से पुकारिए; क्योंकि वह मालिक, जिसने सभी धर्म व सभी भाषाएँ बनाई हैं, सब समझता है कि आप उसे ही पुकार रहे हैं। उससे आपका मन शांत हो जाएगा। आपको देखकर दूसरे लोगों को भी शांति मिलेगी। मैंने इसको अनुभव किया है। मैं जब नोहर तहसील में टी.आर.ए. था, तब मेरे बॉस तहसीलदारजी मुझे बार–बार बुलाकर पास में बैठने को कहते थे। मैंने उनसे निवेदन किया कि "सर, आप मुझको यहाँ बैठाकर रखते हैं। मेरे पास बहुत सा काम पेंडिंग रखा है।"

तब वे बोले, "असल में आपसे ऐसी किरणें निकलती हैं कि आपके पास

में बैठने से मुझे सुकून व शांति का एहसास होता है।" तो आप भी ध्यान करें, आपसे भी ऐसी किरणें निकलेंगी।"

पाठकगण मुझे माफ करें। मैं विषय से भटक गया हूँ, पर यह अभ्यास भी आपके लिए आवश्यक है। तब आप शेयर बाजार में लालच व भय से मुक्त होकर काम कर सकेंगे, नहीं तो आपका लालच व भय आपको शेयरों में काम नहीं करने देंगे और आप अशांति, हाई बी.पी., शुगर, कॉलेस्ट्रोल से पीड़ित हो जाएँगे।

तो आपकी सूची में से आपको उक्त शर्तें पूरी करनेवाले, जो भी 1, 2, 3, 4 या 5 शेयर मिलें, उनमें आपको खरीदारी की पोजीशन लेनी है।

इसे शेयर बाजार की भाषा में लॉन्ग पोजीशन बोलते हैं।

यहाँ 5 से ज्यादा लॉन्ग पोजीशन नहीं लेनी है, अर्थात् आपको अधिकतम 1 लाख का मार्जिन ही लॉन्ग पोजीशन में लगाना है।

"सर, किसी दिन मुझे सिर्फ 2 शेयर ही खरीदारी के योग्य लगें तो क्या मैं उनमें 50,000-50,000 का मार्जिन लगाकर 2,50,000-2,50,000 की पोजीशन ले लूँ?" अब्दुल ने पूछा।

"नहीं अब्दुल, यह अनुशासनहीनता है। आपको लालच व भय से मुक्त रहकर अनुशासन से ही यह काम करना है। किसी दिन लॉन्ग पोजीशन के 2 शेयर ही आपको मिलते हैं तो भी उनमें 20,000-20,000 की पोजीशन ही लेनी है। हाँ, एक माह डे ट्रेड करने पर इस विधि से आप लगभग 40,000 से 1,00,000 रुपए महीना कमा लेंगे। तब आप अगले महीने इस मुनाफे का 1/2 हिस्सा डे ट्रेड का साइज बढ़ाने में काम में लेंगे।

"अर्थात् पहले माह आपका एक लॉट 20,000-20,000 के मार्जिनवाला है। तब आप एक माह में मान लो, 60,000 रुपए ही कमा पाते हैं तो आपको 30,000 रुपए तो अपने कैश डिलिवरी वाले खाते में रखने हैं तथा 30,000 रुपए डे ट्रेड के 2 लाख में जोड़कर अगले माह 2,30,000 से डे ट्रेड करना है। अब आप इसका 10 प्रतिशत हिस्सा अर्थात् 23,000-23,000 मार्जिन पोजीशन में लगा सकते हैं। इसको इसी प्रकार बढ़ाना या घटाना है। घटाने का अर्थ यह

है कि आप बहुत ही दुर्भाग्यशाली हैं। इतने नियम स्टॉप लॉस व अनुशासन मानकर भी मान लो। आपने पूरे महीने में कमाने की जगह 20,000 गँवा दिए। अब आपकी पूँजी घटकर 1,80,000 हो गई तो आपको लॉट साइज घटाकर 18,000–18,000 करनी है।"

"क्या मैं प्रतिदिन भी अपने मुनाफे का 1/2 हिस्सा लॉट साइज बढ़ाने में प्रयोग कर सकता हूँ?"

"हाँ, पर बढ़ाने व घटाने दोनों नियमों की पालना कर सको तो।"

अभी हमने सिर्फ बढ़नेवाले शेयरों की बात की, अर्थात् लॉन्ग पोजीशन के इसी प्रकार घटनेवाले शेयरों में बेचने की पोजीशन (शॉर्ट पोजीशन) लेनी है।

इंटराडे, फ्यूचर एंड ऑप्शन में आप शेयर को बगैर खरीदे भी पहले बेच सकते हैं, फिर खरीद सकते हैं। इसे शेयर बाजार की भाषा में 'शॉर्ट सेलिंग' कहते हैं। इसमें मुनाफा ऐसे होता है कि आप कोई शेयर 100 के भाव पर बेचकर 90 के भाव पर खरीद लेते हैं तो आपका मुनाफा 10 रुपए प्रति शेयर हो गया।

तो अब आप वापस बी.एस.ई. इंडिया की वेबसाइट खोलें। आपकी दोनों सूचियों में से अब दूसरी वह सूची उठाएँ, जिस पर लिखा था—'शेयर, जिनके घटने की संभावना है।' इसमें जो 4–5 शेयर आपने रात को छाँटे थे, उनके पिछले क्लोज प्राइस (कल के बंद भाव) को आज के खुलने के भाव में से घटाकर देखें। यदि नकारात्मक आँकड़ा आता हो अर्थात् स्टॉक आज भी नीचे ही खुला हो तो आप इसे इंटराडे में लगभग 2 प्रतिशत का टारगेट रखकर बेचें। यहाँ पर 10 बजे तक स्टॉक ने जो भी उच्चतम स्तर या हाई बताया हो, उसे भी एक तरफ लिख लें। उसे आपको स्टॉप लॉस की तरह प्रयोग करना है।

उदाहरण के तौर पर, आप सोमवार को रात को देखते हैं कि आई.टी.सी. का शेयर सोमवार को 165.15 पर खुलकर 160.13 पर बंद हुआ था और उसकी 30 डी.एम.ए. 162.17 थी। इसलिए वह 30 डी.एम.ए. से नीचे नेगेटिव ब्रेकआउट की श्रेणी में भी आ रहा था तो आपने इसको अगले दिन बेचनेवाली सूची में रख दिया। अब अगले दिन 10 बजे आप देखते हैं कि आई.टी.सी. 159.10 पर खुला था और 163.40 तक उच्चतम स्तर बनाया तथा अभी (10

बजे के आसपास) 158.15 पर ट्रेड कर रहा है, तो आज का खुलने का भाव 159.10 में से कल के बंद होने के भाव 160.13 को घटाते हैं तो नेगेटिव में परिणाम प्राप्त होता है। इसलिए स्टॉक ने तीनों शर्तें पूरी कर दी हैं—

1. 30 दिन की मूविंग एवरेज से नीचे बंद हुआ था।
2. जिस दिन 30 दिन की मूविंग एवरेज से नीचे बंद हुआ, उस दिन अपने खुलने के भाव से नीचे बंद हुआ था।
3. अगले दिन भी नीचे ही खुला है।

इसलिए आप 158.15 के आसपास इंटराडे पोजीशन लेते हैं। मान लीजिए, आपका ब्रोकर आपको 20 प्रतिशत के मार्जिन पर पोजीशन लेने देता है तो आपको 20,000 की मार्जिन मनी पर लगभग 1,00,000 रुपए के आई.टी. सी. के शेयर बेचने की सुविधा मिल जाती है, अर्थात् आप 158.15 के भाव पर 632 आई.टी.सी. के शेयर को बेचने की पोजीशन सिर्फ 20,000 मार्जिन मनी लगाकर ले लेते हैं।

अब आपको लगभग 2 प्रतिशत का टारगेट लेकर चलना है, अर्थात् 154.98 के लगभग भाव अगले 1-2 घंटे में मिल जाएँ तो अपनी पोजीशन को कवर कर लेना है, अर्थात् आप 1,00,000 की 2 प्रतिशत राशि 2,000 रुपए इस ट्रेड में कमा लेंगे। इसमें 100 रुपए ब्रोकरेज भी कम कर देंगे तो आपको 1,900 रुपए का मुनाफा होगा; परंतु यह आदर्श स्थिति है। 12 बजे तक आपका 2 प्रतिशत का आदर्श टारगेट नहीं आता है तथा आपका ट्रेड मुनाफे में है, अर्थात् ब्रोकरेज निकालकर आपको 2,000 रुपए न सही, 600-700 का भी मुनाफा हो रहा है अर्थात् भाव 157.15 तक ही गिरे हैं, तब भी आप एक रुपया प्रति शेयर के हिसाब से अपना मुनाफा ले लीजिए। डे ट्रेड में आपको 10 बजे के करीब एंट्री लेकर 12 बजे के करीब निकलने का सोचने लगना है।

अपनी पहली पुस्तक 'शेयर मार्केट में जीत के सिद्धांत' में मैंने जो इंटराडे ट्रेडिंग का फॉर्मूला बताया था (2013 के प्रथम संस्करण में), वह इस प्रकार था—

पहले दिन का बंद भाव-पहलेवाले दिन का खुला भाव नेगेटिव हो तो

शेयर बेचने वाली सूची में रखना है, पर दूसरे दिन के फॉर्मूले में थोड़ा अंतर था।

ट्रेडवाले दिन का खुला भाव-पिछले दिन का बंद भाव पॉजिटिव हों तो भी उसे बेच सकते हैं। यहाँ अर्थ यह है कि कई बार चकमा देने के लिए जो कमजोर शेयर गिरने वाला होता है, वह थोड़ा ऊपर ही खुलता है। अत: यदि 10 बजे तक आपकी सूची में कोई शेयर ऊपर भी खुला हो, अर्थात् आज का खुला-पिछला बंद = पॉजिटिव भी हो, पर 10 बजे तक शेयर गिरकर पिछले बंद से नीचे ट्रेड कर रहा हो तो भी आप इंटराडे में उसे बेच सकते हैं।

अर्थात्

पिछ्ला बंद - आज का खुला = नेगेटिव

आज का खुला - पिछला बंद = पॉजिटिव

10 बजे का प्राइस - पिछला बंद = नेगेटिव

तो भी आप उस शेयर को इंटराडे में बेच सकते हैं।

आपने एक शेयर में 20,000 का मार्जिन लगाकर 1 लाख के शेयरों की पोजीशन ली तो तीन स्थितियाँ हो सकती हैं—

(1) 2 प्रतिशत पर आप प्रॉफिट बुक करके 2,000 रुपए कमा सकते हैं। यह आदर्श स्थिति है।

(2) आप सिर्फ 400-500 का लाभ ही बुक कर पाएँगे, अर्थात् 0.40 प्रतिशत से 0.50 प्रतिशत लाभ।

(3) आपने जो 10 बजे तक का सबसे उच्चतम प्राइस था, उसे स्टॉप लॉस रखा और वह ट्रिगर हो गया, अर्थात् आपकी पोजीशन उस भाव पर अपने आप कवर हो गई तथा आपको 500 से 1,000 रुपए का नुकसान हो गया।

अब पहली बात तो आप यह याद रखें कि 10 बजे तक का जो उच्चतम भाव है, उसे शॉर्ट सेलिंग करते समय स्टॉप लॉस रखें।

बी.एस.ई. की वेबसाइट, एन.एस.ई. की वेबसाइट, मनीकंट्रोल की वेबसाइट—ऐसी बहुत सी वेबसाइट्स हैं, जिनमें ओपन प्राइस, हाई प्राइस, लो प्राइस लगातार अपडेट होते हैं।

वे ट्रेडर्स की सुविधा के लिए ही तो हैं। आप आँख बंद करके ट्रेड न करके इन सब को जरूर देखें।

यदि 10 बजे तक का उच्चतम भाव आपके खरीद भाव के आसपास ही है, अर्थात् 10 बजे तक का उच्चतम भाव 38.65 है तथा 10 बजे तक का भाव 38.60 है तो आप इस भाव पर शॉर्ट सेलिंग करते समय 0.05 पैसे का क्या स्टॉप लॉस रखेंगे ? ऐसा स्टॉप लॉस तो ट्रिगर हो जाएगा।

इसका अर्थ यह है कि स्टॉक अभी बढ़ रहा है। अभी शॉर्ट सेल नहीं करें। आप 10.15 तक 10.30 तक 11.00 तक और वाच करें। शेयर यदि 10 बजे तक के उच्चतम भाव से भी कम-से-कम 0.50 प्रतिशत या 1 प्रतिशत तक नीचे आ जाए, तब शॉर्ट सेल की पोजीशन लें। तब आपका स्टॉप लॉस आपके खरीद भाव के 0.50 प्रतिशत से 1 प्रतिशत ऊपर होगा। यह आदर्श स्थिति है। इसमें आपका अधिकतम नुकसान 500 से 1,000 रुपए तक सीमित रहेगा।

अब मान लीजिए, आप इंटराडे में एक दिन में लगभग 6-7 लॉट खरीद-बेच पाते हैं, क्योंकि जो 30 दिन की मूविंग एवरेज से ऊपर बंद होने या 30 दिन की मूविंग एवरेज से नीचे बंद होनेवाली शर्त है, उसके कारण आप प्रतिदिन मुश्किल से 3 से 5 शेयरों में खरीदनेवाली शर्तें पूरी करनेवाले शेयर तलाश कर पाएँगे और 3-5 बेचनेवाली शर्त पूरी करनेवाले शेयर तलाश कर पाएँगे। इसलिए एक ही ट्रेडिंग दिन में 5 खरीदनेवाले शेयरों में 20,000-20,000 मार्जिन निवेश करके इंटराडे पोजीशन लेना और 5 बेचनेवाले शेयरों में 20,000-20,000 निवेश करके बेचने की शॉर्ट पोजीशन लेना, अर्थात् कुल 10 पोजीशन पूरे 2 लाख का मार्जिन निवेश करके लेना एक आदर्श स्थिति है, जो प्रत्येक ट्रेडिंग दिन में संभव नहीं है। ये आदर्श स्थितियाँ आपको महीने में 1-2 बार ही मिल पाएँगी। इसलिए औसत रूप से हम यह मानकर चलते हैं कि आप 6 से 7 पोजीशन प्रतिदिन इंटराडे में ले सकेंगे।

तभी मेरे मोबाइल की घंटी बजी। योगेंद्र का फोन था। योगेंद्र बोला, "सर, जय महादेव! सॉरी सर, आपको डिस्टर्ब किया; पर आज तो आपके ऑफिस की छुट्टी है। आप फ्री ही होंगे।"

मैंने जवाब दिया, "हाँ, मैं तो लगभग फ्री ही रहता हूँ।"

योगेंद्र बोला, "भाग्यशाली हैं आप। मुझे तो पूरे दिन दुकान से फुरसत ही नहीं मिलती है। मैं पूछ रहा था। मुझे नई स्कूटी लेनी है, कौन सी लूँ? होंडा की लूँ या ज्यूपिटर लूँ या सुजुकी की स्वीस ले लूँ?"

मैंने कहा, "ज्यूपिटर ले लो।"

"आपके पास कौन सी है ?"

"ज्यूपिटर जेड एक्स।"

"एवरेज कितना देती है ?"

"कभी ध्यान नहीं दिया। कंपनी 60 से ऊपर बताती है।"

"पर पिताजी कह रहे हैं सुजुकी की स्विस स्कूटी ले। वह कैसी है ?"

"मालूम नहीं।"

"सर, लोग तो होंडा की एक्टीवा पसंद करते हैं। उसकी रीसेल वैल्यू है। वह कैसी है ?"

"मालूम नहीं।"

"सुना है, एक हीरो ने भी निकाली है।"

"हाँ योगेंद्र, तुम हीरो की भी ले सकते हो। अपने पास ही झाड़ौली में उसका शोरूम है।"

"तो सर, मोटर साइकिल अच्छी रहेगी या स्कूटी ?"

"योगेंद्र, तुम तो सारा दिन दुकान पर रहते हो, फिर मोटर साइकिल हो या स्कूटी, क्या फर्क पड़ेगा ?"

"अरे सर, मार्केटिंग का धंधा करने की सोच रहा हूँ। आसपास के गाँवों में ऑर्डर लेकर माल सप्लाई करूँगा। उसके लिए मोटर साइकिल ठीक रहेगी क्या ?"

"भाई योगेंद्र, मैं क्या सलाह दूँ? आप स्वयं…"

इतने में योगेंद्र बोला, "सॉरी सर, मैं बाद में बात करता हूँ। अभी दुकान पर ग्राहक आ गए हैं। पधारना सर, एक मिक्स में अगरबत्ती नई आई है और रेड लेबल की चाय भी आ गई है।"

अब आप समझ गए होंगे कि मैं अपने फॉलोवर्स को अपने मोबाइल नंबर क्यों नहीं देता!

मैंने जब स्कूटी ली तो थोड़ी रिसर्च करके स्वयं निर्णय लिया था। किसी से भी नहीं पूछा कि कौन सी लूँ? क्योंकि ज्यादातर ब्रांड एक जैसे ही होते हैं। 19-20 का अंतर उनके मार्केट प्राइस, डिजाइन, एवरेज में होता है।

यहाँ मैं शेयर बाजार की पुस्तक में ऑटोमोबाइल का विषय क्यों लेकर बैठ गया?

ऐसा इसलिए कि आप में किसी भी व्यापार, चाहे वह शेयर बाजार का व्यापार हो या अन्य किसी भी क्षेत्र में सफलता पानी हो, एक विषय पर दृढ़ निश्चय लेकर उसी दिशा में कार्य करना होता है। यही बात शेयर बाजार में शेयरों के चयन पर लागू होती है, आप में आत्मविश्वास व दृढ़ निश्चय नहीं हो तो आप कौन सा शेयर लूँ, कब खरीदूँ, कब बेचूँ, सोचते ही रह जाएँगे और कभी शेयर खरीद-बेच नहीं पाएँगे। जिन्होंने मेरी पुस्तक 'गीता ज्ञान से मन की सुप्त शक्तियों को जाग्रत् कैसे करें?' पढ़ी है, वे पाठक जानते हैं कि उसमें उपदेश लिखा है—"ज्ञानियों की बुद्धि एक ही दृढ़ निश्चयवाली होती है—अज्ञानियों की बुद्धि बहुत से अनंत भेदोंवाली होती है।" तो आपको शेयर बाजार में भी ज्ञानी बनना पड़ेगा तथा एक बार सोच-समझकर रणनीति बना लेने के बाद उस पर दृढ़ता से चलना पड़ेगा, तब आप पैसा कमा पाएँगे। रोज रणनीति बदलने से आप भटक जाएँगे।

वैसे योगेंद्र ने अभी तक न तो किसी भी कंपनी की स्कूटी ली है, न मोटर साइकिल, न मार्केटिंग शुरू की है। वह अभी सोच रहा है।

मेरे कस्बे में एक इ-मित्रवाले व्यासजी भी हैं, जो वर्ष 2006 से यानी पिछले 11 सालों से, जब भी मैं उनके इ-मित्र पर जाता हूँ, पूछते हैं कि उनको डीमेट खाता कहाँ खुलवाना चाहिए? उनको शेयरों में निवेश करना चाहिए या नहीं? इसमें फायदा है या नहीं? मैंने कितने कमाए? लॉन्ग टर्म में फायदा है क्या? भगवान् जाने 11 साल तो हो गए। उनका निर्णय कब आएगा, कोई नहीं जानता; पर उनकी दाढ़ी में काले बालों से सफेद बाल आने लग गए हैं।

विषय पर वापस आते हैं।

तो प्रतिदिन औसतन आप 6-7 शेयरों में इंटराडे में तो 20,000-20,000 लगा पाएँगे। इनमें बेचने की साइड में (शॉर्ट साइड में) और खरीदने की साइड में (लॉन्ग साइड में) आपको लगभग 50 प्रतिशत-50 प्रतिशत अनुपात रखना चाहिए, ताकि कभी मार्केट में अप्रत्याशित एकतरफा चाल तेजी से बढ़ने या गिरने की आ गई तो भी आप फायदे में ही रहेंगे। इन औसतन 6-7 शेयरों में से किसी में आपको 1,000-2,000 का फायदा होगा, किसी में 800-1,500 का फायदा मिलेगा, किसी में 400-600 का ही फायदा होगा, किसी में 1,000-1,500 का नुकसान होगा। किसी में 400-500 का नुकसान होगा तो मान लीजिए, आपके 7 लॉट की स्थिति यह रहती है—

1 शेयर में 1,400 का फायदा
1 शेयर में 1,140 का फायदा
1 शेयर में 850 का फायदा
1 शेयर में 600 का फायदा
1 शेयर में (-) 1, 030 का नुकसान
1 शेयर में (-) 714 का नुकसान
1 शेयर में (-) 540 का नुकसान

तो उस दिन आप इंटराडे में 1,706 रुपए कमा पाएँगे। तो आप यदि उक्त बताए गए नियमों की सख्त पालना करते हुए पूरी सतर्कता के साथ, लालच व भय से मुक्त होकर, स्टॉप लॉस रखते हुए डे ट्रेड करते हैं तथा शेयरों का चयन भी 30 डी.एम.ए. के आधार पर स्वयं करते हैं। ओपन प्राइस, क्लोज प्राइस, हाई, लो से शेयर की चाल व स्टॉप लॉस भी स्वयं पहचानकर चलते हैं तो इस विधि से औसतन 1,500 रुपए प्रतिदिन या महीने के लगभग 30,000-35,000 कमा पाएँगे (महीने में 20-22 ट्रेडिंग सेशन ही होते हैं)।

नए पाठकों को उतावला नहीं होना है। वे पहले अब्दुल की तरह 2 लाख रुपए कमा लें, तब उनको डे ट्रेड में, यदि वे पूरी तरह फुल टाइम शेयर मार्केट करना चाहें, तो ही आना है।

नौकरी-पेशा लोग डे ट्रेड नहीं कर सकते, क्योंकि उसमें मार्केट समय में नियमित ध्यान देने की आवश्यकता होती है, जो वे नौकरी के साथ-साथ नहीं कर पाएँगे। यह व्यापार (बिजनेस) की श्रेणी में आता है तथा सेवा नियमों में नौकरी के साथ व्यापार (बिजनेस) करना मना है। इसकी शिकायत होने पर आप के डी मेट खाते से सबूत मिल सकता है और आपको सेवा नियमों का उल्लंघन करने पर सेवा से बरखास्त किया जा सकता है।

परंतु कैश मार्केट में डिलिवरी बेस खरीदारी व्यापार की श्रेणी में नहीं आती। वह तो निवेश की श्रेणी में आती है। इसलिए मैं इंटराडे ट्रेड नहीं करता, न ही आपको लालच में आकर जल्दी से कूद पड़ने की सलाह देता हूँ। पहले आपको 'मनीभाई डॉट कॉम' जैसी, जो वर्चुअल ट्रेडिंग साइट है, उनमें आपको काल्पनिक ट्रेड करने की सुविधा मिलती है। उसमें ट्रेड करना चाहिए। जब आप ऊपर बताए गए नियमों व उदाहरणों को सही पाते हैं तो ही वास्तविक पैसे से ट्रेड करना चाहिए।

मैं ईमानदारी से बता रहा हूँ कि इस पुस्तक की कहानी की तरह ऊपर बताए गए उदाहरण भी काल्पनिक और अनुमान पर आधारित हैं। मैंने कभी भी इंटराडे ट्रेडिंग नहीं की है। इसलिए आपको पहले इन नियमों की जाँच करनी चाहिए, हालाँकि इंटराडे ट्रेडिंग पर मेरे जो यू-ट्यूब वीडियो हैं, उनको ट्रेडर्स की तरफ से पूरी प्रशंसा मिल रही है। आप उन्हें देख सकते हैं, उनके नीचे कमेंट्स पढ़ सकते हैं।

राव साहब बोले, "तो अब मेरे 37 पैसे से कैसे शुरू करना है यह इंटराडे और अभी तक आपने फ्यूचर एंड ऑप्शन तो बताया ही नहीं?"

मैंने जवाब दिया, "जैसे इंटराडे के लिए कम-से-कम 2,00,000 रुपए मेरी बताई गई विधि से पूँजी जमा करने के बाद शुरू करना होता है, वैसे ही फ्यूचर एंड ऑप्शन के लिए आवश्यक शर्तें हैं—

(1) पहले इंटराडे ट्रेड करके उसमें कम-से-कम 1 लाख रुपए कमाकर अपने सफल ट्रेडर होने की योग्यता को परखना व साबित करना।

(2) ऑप्शन ट्रेड के लिए कम-से-कम 3 लाख की पूँजी चाहिए (वर्ष

2017 के संदर्भ में)। आप इंटराडे में जब 2,00,000 से प्रारंभ करेंगे तो ऊपर की शर्त के अनुसार, जब भी 1,00,000 रुपए कमा लेंगे, तब आप ऑप्शन ट्रेडिंग की योग्यता अर्जित कर लेंगे; क्योंकि आपके पास अब 3 लाख की पूँजी भी हो जाएगी।

(3) ऑप्शन ट्रेड करने के बाद जब भी आपकी पूँजी 8 लाख रुपए हो जाए, तब आप फ्यूचर ट्रेड के योग्य बनेंगे; पर भारत में अभी फ्यूचर एंड ऑप्शन के ज्यादातर सौदे ऑप्शन में ही होते हैं, अर्थात् ऑप्शन ट्रेड शुरू करने के बाद आपको फ्यूचर में ट्रेड करने की आवश्यकता ही नहीं रहेगी।

"तो मेरे 37 पैसों से कैसे शुरू करें?"

"देखिए राव साहब, आपने एक अंधे और एक पैरों से दिव्यांग की कहानी तो सुनी ही होगी। एक अंधा था, एक दिव्यांग था। जब दोनों ने साझेदारी कर ली तो अंधे को आँख मिल गई। उसने दिव्यांग को अपने कंधे पर बैठा लिया। अब कहीं भी जाना होता, बगैर पैरवाला दिव्यांग देखकर रास्ता बताता रहता और अंधे के पैरों से चलने के कारण दिव्यांग को भी पैर मिल गए।"

"मैं समझा नहीं।" राव साहब पहली बार पिछले तीन दिनों में मुसकराए।

"अब्दुल और आप उस नेत्रहीन व पैरों से विकलांग दिव्यांग की तरह ही हैं। अब्दुल ने 2 लाख की पूँजी शेयरों से कमाकर इंटराडे ट्रेड की योग्यता अर्जित कर ली है। पर वह नौकरी करता है। अखबार की जीप चलाने के कारण वह फुल टाइम डे ट्रेड नहीं कर सकता। आपके पास शेयर कारोबार के लिए कंप्यूटर व हाईस्पीड नेटवर्क-युक्त ऐसा ऑफिस है, पर पैसे नहीं हैं।

"आप अब्दुल के साथ मिलकर, अब्दुल के लिए वर्किंग पार्टनर बनकर डे ट्रेड, जैसा मैंने बताया है, उसी नियम से करो।

"एक माह में आप जो भी कमाएँगे, उसमें से अब्दुल आपके ऑफिस का किराया, बिजली का बिल, डाटा चार्ज देकर जो बचेगा, उसमें आपको आधा हिस्सा देगा।

"आप चूँकि अब्दुल के लिए फुल टाइम काम करेंगे, इसलिए उस आधे

हिस्से में से आपको 10 प्रतिशत हिस्सा शेयरों में कैश डिलिवरी बेस निवेश के लिए अलग करके बाकी राशि अपने दैनिक खर्च पूरे करने में लगानी है।"

राव साहब को विश्वास हो गया था कि वे ऊपर की विधि से अब्दुल को आसानी से महीने में 30,000 से 60,000 रुपए कमा के दे सकते हैं। अब्दुल भी सहमत था। दोनों ने मिलकर यह कार्य किया। आगे बताने की जरूरत नहीं है। राव साहब ने बड़े आत्मविश्वास व योग्यता से, नियमों की पूरी पालना करके पहले माह में ही 80,000 रुपए कमा डाले, जिसमें 10,000 किराया व खर्चे काटकर अब्दुल एवं राव साहब ने 35,000-35,000 प्रॉफिट कमाया।

अब्दुल शेष 3 लाख व प्रतिमाह 10 प्रतिशत से अपना कैश मार्केट का डिलिवरी निवेश भी बढ़ाता रहा।

इस अध्याय को अब विराम देते हैं।

इस अध्याय से हमने क्या सीखा ?

नए पाठकों को उतावला नहीं होना है। वे पहले अब्दुल की तरह 2 लाख रुपए कमा लें, तब उनको डे ट्रेड में, यदि वे पूरी तरह फुल टाइम शेयर मार्केट करना चाहें तो ही, आना है।

नौकरी-पेशा लोग डे ट्रेड नहीं कर सकते, क्योंकि उसमें मार्केट समय में नियमित ध्यान देने की आवश्यकता होती है, जो वे नौकरी के साथ-साथ नहीं कर पाएँगे। यह व्यापार (बिजनेस) की श्रेणी में आता है तथा सेवा नियमों में नौकरी के साथ व्यापार (बिजनेस) करना मना है। इसकी शिकायत होने पर आपके डी मैट खाते से सबूत मिल सकता है और आपको सेवा नियमों का उल्लंघन करने पर सेवा से बरखास्त किया जा सकता है।

परंतु कैश मार्केट में डिलिवरी बेस खरीदारी व्यापार की श्रेणी में नहीं आती। वह तो निवेश की श्रेणी में आती है।

इंटराडे के लिए कम-से-कम 2,00,000 रुपए मेरी बताई गई विधि से पूँजी जमा करने के बाद शुरू करना होता है। वैसे ही फ्यूचर एंड ऑप्शन के लिए आवश्यक शर्तें हैं—

(1) पहले इंटराडे ट्रेड करके उसमें कम-से-कम 1 लाख रुपए कमाकर अपने सफल ट्रेडर होने की योग्यता को परखना व साबित करना।

(2) ऑप्शन ट्रेड के लिए कम-से-कम 3 लाख की पूँजी चाहिए (वर्ष 2017 के संदर्भ में) आप इंटराडे में जब 2,00,000 से प्रारंभ करेंगे तो आप ऊपर की शर्त के अनुसार जब भी 1,00,000 रुपए कमा लेंगे, तब आप ऑप्शन ट्रेडिंग की योग्यता अर्जित कर लेंगे; क्योंकि आपके पास अब 3 लाख रुपए की पूँजी भी हो जाएगी।

(3) ऑप्शन ट्रेड करने के बाद जब भी आपकी पूँजी 8 लाख रुपए हो जाए, तब आप फ्यूचर ट्रेड के योग्य बनेंगे; पर भारत में अभी फ्यूचर एंड ऑप्शन के ज्यादातर सौदे ऑप्शन में ही होते हैं, अर्थात् ऑप्शन ट्रेड शुरू करने के बाद आपको फ्यूचर में ट्रेड करने की आवश्यकता ही नहीं रहेगी।

□

अब्दुल की ऑप्शन ट्रेडिंग

राव साहब ने बहुत ही कुशलता से ट्रेडिंग करके एक माह और 15 दिनों में ही अब्दुल के 2 लाख को 3 लाख में बदलकर दिखा दिया।

यहाँ मेरे कुछ पाठक चिढ़ सकते हैं। मेरे यू-ट्यूब चैनल पर भी कमेंट किया था, “बेवकूफ, शेयर मार्केट में पैसा कमाना इतना आसान होता तो तू खुद क्यों नहीं कमा लेता? तू यू-ट्यूब से पैसा क्यों कमाता है?”

हम पैसा कमाना आसान नहीं मानते। हमने अपने कानों व दिलों की खिड़कियाँ बंद कर रखी हैं। यहाँ मैं क्या सफाई दूँ? मेरी एक ही सफाई चिढ़नेवाले पाठकों के लिए है, “हाथ कंगन को आरसी क्या, पढ़े-लिखे को फारसी क्या? अर्थात् आप केवल सात दिन में मनीभाई डाट कॉम, दलाल स्ट्रीट जर्नल या अन्य किसी भी वर्चुअल ट्रेडिंग प्लेटफॉर्म पर मेरी विधि से वर्चुअल ट्रेड करके फिर निर्णय लें कि पैसा कमाना आसान है या मुश्किल है?”

अब अब्दुल व राव साहब ऑप्शन ट्रेडिंग पर प्रवचन सुनने को लालायित थे। मैंने पूछा कि क्या वे ऑप्शन ट्रेडिंग के बारे में कुछ जानते हैं?

दोनों ने उत्तर दिया कि उन्होंने सिर्फ नाम सुने हैं—कॉल, पुट, ओपन इंटरेस्ट आदि, बाकी ऑप्शन ट्रेडिंग, जब भी सीखना चाहा, दिमाग का दही हो गया।

चलो, आज मैं इतनी सरलता से सिखाता हूँ ऑप्शन ट्रेडिंग कि आपको यह बच्चों का खेल लगने लगेगा। माना कि हमें लगता है, आलू के भाव, जो अभी 20 रुपए किलो हैं, वे बढ़नेवाले हैं; क्योंकि एक महीने बाद जब नए आलू आने बंद हो जाएँगे, तब आलू के भाव 20 रुपए से बढ़कर 25 रुपए हो सकते हैं।

ऐसे में, हम यदि 10,000 बोरी आलू की 20 रुपए बाजार भाव से खरीदकर स्टॉक कर लेंगे तो यदि वास्तव में भाव 25 रुपए हो गया तो 5 रुपए प्रति बोरी के हिसाब से हमें 50,000 रुपए का फायदा होगा; परंतु इसके लिए हमें 2,00,000 रुपए की राशि का निवेश करना पड़ेगा।

इसके बदले आलू का थोक व्यापारी शिवलाल ठेकेदार हमें यह सुविधा देता है कि हम आज के भाव 20 प्रति किलो पर 10,000 बोरी आलू भी बुक कर सकते हैं। इसके लिए वह प्रति बोरी 1.30 रुपए प्रीमियम लेगा तथा महीने के आखिरी गुरुवार को हम उससे 10,000 बोरी आलू 20 रुपए के भाव पर खरीद सकते हैं। यह एक प्रकार का बीमा हुआ। यदि हम शिवलाल ठेकेदार को आज 10,000 बोरी के लिए प्रति बोरी 1.30 रुपया प्रीमियम देकर, यानी कुल 11,300 रुपए देकर आलू बुक कर देते हैं तो शिवलाल ठेकेदार हमें 11,300 रुपए वापस नहीं देगा। वह महीने के आखिरी गुरुवार को 10,000 बोरी आलू देगा, चाहे मार्केट में आलू का भाव कुछ भी हो। हाँ, हम चाहें तो आलू लें या चाहें तो न भी लें, यह हमारी मरजी है। हम नहीं लेंगे तो शिवलाल ठेकेदार 11,300 का प्रीमियम रख लेगा।

अब महीने के आखिरी गुरुवार को हमारे आलू का बाजार भाव वास्तव में 26 रुपए किलो हो गया। हमने शिवलाल से 10,000 बोरी आलू 20 रुपए के भाव लेकर उसी को 26 के भाव बेच दिए और 60,000 रुपए मुनाफे के उससे ले लिये।

हमें वास्तविक फायदा 60,000 का नहीं हुआ। हमने 11,300 जो प्रीमियम दिया था, वह कम करने पर हमें 48,700 का ही लाभ हुआ।

अब यदि महीने के आखिरी गुरुवार को आलू का भाव 19 होता तो हम शिवलाल से आलू लेने नहीं जाते और हमें ज्यादा-से-ज्यादा घाटा उस प्रीमियम 11,300 का ही होता, चाहे भाव 18, 17, 16, 10, 5 कहीं तक भी गिर गए होते। हमें अधिकार है कि हम आलू न चाहें तो न लें, पर भाव बढ़कर 37 रुपए किलो हो गए तो भी शिवलाल ठेकेदार हमें 20 रुपए के भाव पर ही आलू देने के लिए बाध्य है; क्योंकि हमने उससे सौदा किया हुआ है, जो एक

प्रकार का बीमा है। इसके बदले शिवलाल ठेकेदार ने हमसे 11,300 रुपए प्रीमियम लिया था।

तो हमने शिवलाल ठेकेदार से 'आलू' कंपनी के शेयर की '20' रुपए की कॉल 1.30 प्रति शेयर प्रीमियम पर खरीदी।

ऑप्शन ट्रेडिंग में इसको 'कॉल खरीदना' कहते हैं। इससे शिवलाल ठेकेदार, जो कॉल बेच रहा है, वह 'कॉल राइटर' कहलाता है। 20 का मूल्य 'स्ट्राइक प्राइस' कहलाता है। शिवलाल सिर्फ 20 के स्ट्राइक प्राइस पर आलू के सौदे नहीं कर रहा था। उसने पूरी ऑप्शन चैन बना रखी थी, जिससे 2-2 रुपए के अंतर से 16, 18, 20, 22, 24, 26, 28, 30 अलग-अलग स्ट्राइक प्राइस थे, जिनका अलग-अलग प्रीमियम था। यदि हम 16 की कॉल खरीदते तो वह प्रीमियम 5.30 प्रति बोरी लेता, क्योंकि बाजार भाव पहले ही 4 रुपए ज्यादा थे। इसलिए वह प्रीमियम में 4 जोड़कर ही लेता। इसी प्रकार, यदि हम 28 की कॉल खरीदते तो वह 0.60 पैसे प्रति बोरी प्रीमियम ही लेता, क्योंकि उसको भी उम्मीद थी कि भाव 28 तक शायद ही जाएँगे। हम यदि 28 की कॉल खरीदते तो वह हमसे 6,000 प्रीमियम लेता (10,000X0.60=6,000) तथा महीने के आखिरी गुरुवार तक 28 का भाव नहीं आता तो हमारा प्रीमियम 6,000 वह जब्त कर लेता।

इसी प्रकार, हम भी शिवलाल से उल्टा आलू का सौदा भी कर सकते थे। हमें उम्मीद होती कि आलू के भाव 17 तक गिर सकते हैं तो हम उसे ऑप्शन देते कि हम उसे 20 के स्ट्राइक प्राइस पर 2.00 प्रीमियम देंगे, अर्थात् 20,000 रुपए देंगे तो महीने के आखिरी गुरुवार को 10,000 बोरी आलू 20 रुपए के भाव पर बेचने का अधिकार दे देगा।

यहाँ हम शिवलाल से 'पुट' खरीद रहे हैं, अर्थात् यदि भाव 17 हो गया तो शिवलाल से हम 17 में खरीदकर 20 में बेच देंगे। हमें 3 रुपए प्रति बोरी से 30,000 रुपए का लाभ होगा। (वास्तव में 10,000 ही मिलेंगे, क्योंकि उसने 20,000 तो हमसे 'पुट' का प्रीमियम ले लिया है।)

यहाँ हम 'पुट' खरीद रहे हैं, इसलिए शिवलाल 'पुट राइटर' है। कॉल पुट

खरीदने पर हमारा नुकसान सीमित है, अर्थात् हमें ज्यादा-से-ज्यादा प्रीमियम का नुकसान होगा। भाव हमारे अनुमान से विपरीत हो तो हम प्रीमियम शिवलाल को देकर घर आ सकते हैं; पर शिवलाल, जो कॉल व पुट बेच रहा है, अर्थात् कॉल पुट का राइटर है, उसको लाभ सीमित है; पर नुकसान की कोई सीमा नहीं है। उसको सिर्फ प्रीमियम मिलेगा, परंतु भाव कितने भी गिरें या चढ़ें, वह हमें आलू उसी स्ट्राइक प्राइस पर बेचने/खरीदने की सुविधा देगा, जिस पर उसने पुट/कॉल बेची है।

तो शिवलाल पागल है क्या?

नहीं, मार्केट में कॉल/पुट राइटर तो ज्यादा स्मार्ट माने जाते हैं, क्योंकि ज्यादातर कॉल/पुट के सौदे महीने के आखिरी गुरुवार को एक्सपायर हो जाते हैं और उन्हें बेचनेवालों को प्रीमियम मिल जाता है। ऐसा इसलिए होता है कि शिवलाल ने जो 28, 30, 32, 34 का कॉल प्रीमियम लिया, वे भाव 26 तक पहुँचे हैं। इसलिए आलू 28, 30, 32, 34 के भाव पर नहीं लेंगे। उनका प्रीमियम कॉल राइटर को आसानी से मिल जाएगा। इसी प्रकार उसने जो पुट 10, 12, 14, 16, 18, 20, 22, 24 की बेची, वह पुट खरीदनेवाले भी इस भाव पर आलू बेचने नहीं आएँगे; क्योंकि बाजार में भाव 26 का चल रहा है। उनका प्रीमियम भी शिवलालजी हजम कर जाएँगे।

"तो क्या हम कॉल/पुट राइटर बन जाएँ?" राव साहब ने पूछा।

"मारे जाओगे।" मैंने कहा।

"ऐसा क्यों?"

"क्योंकि ऐसा नहीं है कि कॉल/पुट बेचते ही प्रीमियम आपके खाते में आ जाता है। स्टॉक एक्सचेंज, आप भाग नहीं जाओ, इसलिए पहले अच्छा-खासा मार्जिन कैलकुलेट करके ब्लॉक कर देगा तथा एक्सपायरीवाले दिन के बंद भाव पर यदि सौदा आपके पक्ष में रहता है तो ही आपको प्रीमियम मिलता है। इसमें आपका अनुमान गलत रहने पर आपको अच्छा-खासा नुकसान हो सकता है।"

"तो ऐसा क्यों कहते हैं, कॉल पुट राइटर ज्यादा स्मार्ट होते हैं?"

"यदि आपके पास खूब सारा मार्जिन, कम-से-कम 1 करोड़ रुपए से

ऊपर हो तथा आप खूब सारी कॉल/पुट अलग-अलग प्रीमियम पर स्मार्ट तरीके से राइट कर सको तो ही आप स्मार्ट कहलाओगे, वरना मार्केट बहुत निर्दयी भी हो सकता है।"

(अपने पाठकों से मैं माफी चाहता हूँ। यदि वे चाहेंगे तो मैं ऑप्शन ट्रेडिंग पर अपनी अगली पुस्तक लिखूँगा; पर यहाँ ज्यादा विस्तार करने से हम विषय से भटक जाएँगे, जो मेरी अगली पुस्तक ऑप्शन ट्रेडिंग पर चाहते हैं, वे मुझे mahesh2073@yahoo.com पर इ-मेल करें। आपकी माँग पर मैं निर्णय लूँगा कि अगली पुस्तक लिखूँ या नहीं।)

संक्षेप में, अब्दुल अब तुम्हें ऐसा करना है (करेंगे तो राव साहब, पैसा अब्दुल का है, पर ट्रेड करने के लिए राव साहब एक्टिव पार्टनर हैं) जैसे तुम इंटराडे के लिए मनीकंट्रोल से 30 डी.एम.ए. से ऊपर ब्रेकआउट होनेवाले स्टॉक छाँटकर सूची बनाते हो, उसी प्रकार आपको ऐसे शेयरों की सूचियाँ बनानी हैं, जो 200 डी.एम.ए. से पॉजिटिव/नेगेटिव ब्रेकआउट हुए हैं।

यहाँ शर्त यह है कि जो शेयर उसकी 30 डी.एम.ए., 50 डी.एम.ए., 150 डी.एम.ए., 200 डी.एम.ए.—चारों से ऊपर बंद हो, उसे 'पॉजिटिव ब्रेकआउट' मानना है। जो शेयर 30 डी.एम.ए., 50 डी.एम.ए., 150 डी.एम.ए., 200 डी.एम.ए. से नीचे बंद हो, उसे 'नेगेटिव ब्रेकआउट' मानना है।

सभी शेयरों में ऑप्शन ट्रेडिंग नहीं होती, केवल बड़ी ब्लूचिप कंपनियों में ही ऑप्शन ट्रेडिंग होती है। इसलिए आपको मुश्किल से रोज 1-2 शेयर ही ऐसे पॉजिटिव/नेगेटिव ब्रेकआउटवाले मिलेंगे।

अब आपको अगले दिन पॉजिटिव ब्रेकआउटवाले शेयर की सभी स्ट्राइक प्राइस और उन पर प्रीमियम देखकर (ये एन.एस.ई. की वेबसाइट पर मिल जाएँगे) तथा मार्केट प्राइस देखकर मार्केट प्राइस के आसपास के स्ट्राइक प्राइस पर उचित प्रीमियम पर 'कॉल ऑप्शन' खरीदना है। इसी प्रकार नेगेटिव ब्रेकआउटवाले स्टॉक में 'पुट ऑप्शन' खरीदना है।

(यह विषय बहुत व्यापक है। मैं यह मान रहा हूँ कि आप थोड़ा-बहुत ऑप्शन ट्रेड पहले से जानते हैं, नहीं तो मेरी नई पुस्तक का इंतजार करें या इस

विषय पर अन्य लेखकों की पुस्तकें पढ़ें।)

कॉल व पुट पर प्रीमियम मार्केट में शेयरों के प्राइस की तरह लगातार बदलते रहते हैं। आप किसी भी समय ज्यादा प्रीमियम मिलता हो तो अपनी कॉल/पुट दूसरे खरीदार को बेचकर प्रीमियम का अंतर लाभ के रूप में ले सकते हैं।

उदाहरण के तौर पर, अब्दुल की तरफ से राव साहब को आई.टी.सी. का शेयर नवंबर 2017 में नेगेटिव ब्रेकआउट लगने पर उन्होंने आई.टी.सी. की 270 की पुट 5.70 प्रीमियम देकर खरीद ली। आई.टी.सी. का 2,400 का लॉट है। राव साहब को 2,400X5.70=13,680 रुपए मार्जिन देना पड़ा। अब राव साहब के पास 30 नवंबर, 2017 (आखिरी गुरुवार) तक का समय है। यदि आई.टी.सी. का शेयर मार्केट में गिरकर 265-260 का गया तो यह प्रीमियम भी बढ़ जाएगा। सौभाग्य से, दो दिन में ही आई.टी.सी. का शेयर 264 आ गया तथा 270 की पुट पर प्रीमियम बढ़कर 8.70 रुपए हो गया। राव साहब ने इस पुट को मार्केट में दूसरे को बेचकर 2,400X3=7,200 मुनाफा कमा लिया (यहाँ 8.70-5.70 = 3 प्रीमियम का अंतर है)

तो रोज ऐसे 1-2 पुट/कॉल खरीदते-खरीदते 3 लाख रुपए में औसतन 8-10 होल्डिंग बना सकते हैं तथा महीने के आखिरी गुरुवार की प्रतीक्षा न करके कॉल/पुट पर उचित मुनाफा प्राप्त होने पर प्रॉफिट बुक कर सकते हैं। यहाँ मेरी अगली पुस्तक का आपको इंतजार करना होगा। तब तक आप अब्दुल की स्थिति तक तो आइए।

अब अब्दुल रोज कैश डिलिवरी ब्वॉय के रूप में भी कमा रहा था। जब ऑप्शन के लिए ब्रेकआउट स्टॉक नहीं मिलता तो डे ट्रेड से कमा रहा था और ऑप्शन में भी कमा रहा था।

शेयर बाजार की उसकी नेटवर्थ छह माह में ही 10 लाख से बाहर हो गई थी। अब एक दिन योगेंद्र ने उससे कहा, "महेश सर का तरीका देखने में तो अच्छा है, पर हमारे लिए बेकार है। मुझे तो प्रतिमाह इनकम चाहिए। वह कहाँ से लाऊँ ? मैं तंग आ गया दाल तौलते-तौलते, मसाले बेचते-बेचते।"

अब्दुल बोला, "पर मैं तो अब प्रतिमाह शेयर बाजार से 50,000 रुपए के लगभग घर खर्च में भी काम में ले रहा हूँ। अब मैंने टैक्सी चलाना छोड़ दिया। मेरी टैक्सी किराए पर दूसरा ड्राइवर चलाता है, वह भी प्रतिमाह 8,000 घर बैठे कमाकर लाकर दे रहा है। 45,000 राव साहब कमाकर दे रहे हैं। 50,000 मैं सीधे शेयर बाजार से कमा रहा हूँ अब।"

"वह कैसे?" योगेंद्र का मुँह खुला-का-खुला रह गया।

"वह मैं कल बताऊँगा, अभी तो लोबान की अगरबत्ती लेने आया हूँ। आज दरगाह पर जा रहा हूँ।"

योगेंद्र ने 'सिंगापुर लोबान' अगरबत्ती देकर कहा, "कल जरूर बताना।"

इस अध्याय से हमने क्या सीखा?

कॉल/पुट खरीदने पर हमारा नुकसान सीमित है, अर्थात् हमें ज्यादा-से-ज्यादा प्रीमियम का नुकसान होगा। भाव हमारे अनुमान से विपरीत हो तो हम प्रीमियम राइटर को देकर घर पर आ सकते हैं।

पर जो कॉल/पुट बेच रहा है, अर्थात् कॉल पुट का राइटर है, उसको लाभ सीमित है, पर नुकसान की कोई सीमा नहीं है। उसको सिर्फ प्रीमियम मिलेगा, परंतु भाव कितने भी गिरें या चढ़ें, वह हमें उसी स्ट्राइक प्राइस पर बेचने/खरीदने की सुविधा देगा, जिस पर उसने पुट/कॉल बेची है।

मार्केट में कॉल/पुट राइटर तो ज्यादा स्मार्ट माने जाते हैं, क्योंकि ज्यादातर कॉल/पुट के सौदे महीने के आखिरी गुरुवार को एक्सपायर हो जाते हैं तथा उन्हें बेचनेवालों को प्रीमियम मिल जाता है

□

अब्दुल ने शेयर बाजार से राशि निकालना कब शुरू किया ?

अगले दिन अब्दुल जब सुबह–सुबह अपने शहजादे करीम के लिए बिस्कुट का पैकेट लेने योगेंद्र की दुकान पर आया तो योगेंद्र की दुकान पर ग्राहक भी नहीं थे। उसने अब्दुल को कहा, "भाईजान, सबसे पहले आप अपना कल का वादा निभाओ, जब महेश सर ने कहा था कि आपको अपनी आय का 10 प्रतिशत हिस्सा शेयरों में लगाना है तथा इसको हमेशा अलग ही रखकर बढ़ाना है; और आप इसमें से 50,000 रुपए महीने के कैसे निकाल रहे हैं ?"

अब्दुल बोला, "तुम महेश सर को ठीक से समझे ही नहीं, वे क्या कह रहे हैं। वे कहते हैं, 'जब कोई फैक्टरी या उद्योग बन रहा है, तब बीच में उसकी आधी बनी दीवारें या मशीनें बेचकर उसका मालिक अपने घर का खर्च चलाता है क्या ?' अर्थात् जब आप उनकी विधि से अपनी मासिक आय का 10 प्रतिशत हिस्सा अलग करके अपने शेयरों के उद्योग या शेयर बिजनेस की नींव रखते हो तो यह एक फैक्टरी /कारखाने की नींव रखने के निर्णय जैसा है।

"जब यह उद्योग पूरा बनकर तैयार हो जाएगा, तब उद्योगपति उसमें से लाभ प्राप्त करके उस लाभ का प्रयोग करेगा या बनती हुई फैक्टरी में से एक मशीन बेचकर मुनाफा कमाना शुरू कर देगा ?"

"नहीं, यह तो बेवकूफी होगी।"

"बस, वही गलती करने को महेश सर ने मना किया था। जब आपका शेयर बिजनेस पूरी तरह स्थापित हो जाएगा, तब आप उसमें से पूँजी अपनी

जरूरतों के लिए ले सकते हो।"

"मैं समझ गया। जब भी आपका पोर्टफोलियो 10 लाख से ऊपर हो जाए, आप उसमें से शेयर बेच-बेचकर पैसे घर ले जा सकते हो।"

"अरे, नहीं-नहीं, आप एक प्रतिशत भी नहीं समझे इस सिस्टम को। यह तो शहद के छत्ते को तोड़कर शहद घर ले जाना है। महेश सर ने ऐसा सिस्टम बताया है, जिसमें शहद का छत्ता तोड़े बगैर शहद निकालते हैं।"

"वो कैसे ?"

"जैसे मधुमक्खी पालनेवाले लोग एक डिब्बा रखते हैं। उसमें छत्ता बना होता है। छत्ते में एक नल लगा होता है। वह सप्ताह में एक बार नल खोलकर थोड़ा सा शहद निकाल देते हैं, वैसा ही सिस्टम महेश सर ने मुझे सिखाया है।"

"भाई, ज्यादा पहेलियाँ मत बुझाओ, जल्दी से बताओ, फिर करीम को बिस्कुट भी देने हैं आपको।"

"तो सुनो, जब मेरी सालाना आय आय कर सीमा से ऊपर आ गई (2017 में जब यह पुस्तक मैं लिख रहा हूँ, तब आय कर की सीमा 2.5 लाख रुपए थी), तब महेश सर ने मुझे कहा, 'आपकी आय उस वित्तीय वर्ष में 2.5 लाख रुपए से जितनी भी ज्यादा हो, आपको उसको ई.एल.एस.एस. (इक्विटी लिंक सेविंग स्कीम) या टैक्स सेवर म्यूचुअल फंड में निवेश करना है।' मैंने कहा, 'कौन सा टैक्स सेवर, म्यूचुअल फंड बेस्ट रहेगा ?'

उन्होंने जवाब दिया, "मैं जिस भी म्यूचुअल फंड कंपनी का कुल कोरपस (कुल परिसंपत्तियाँ या कुल निवेश या कुल प्रबंधनीय पूँजी) सबसे ज्यादा हो, उसमें निवेश करना बताता हूँ, साथ में उसका 5 लाख से ऊपर का ट्रैक रिकॉर्ड भी होना चाहिए। आप उनके म्यूचुअल जीनियस ब्लॉग या एप की म्यूचुअल फंड टैब देख सकते हैं, जिसका लिंक है—http://mutualfundgenius.maheshkaushik.com"

"पर मैं तो एप खोलता ही नहीं! एक तो टाइम नहीं मिलता, दूसरा अंग्रेजी नहीं आती मुझे।"

"क्यों, तुम तो बी.कॉम. हो ना। मैं बारहवीं पास हूँ, पर महेश सर की

अंग्रेजी समझ सकता हूँ, क्योंकि उन्होंने कहा था—ध्यान से पढ़ने की कोशिश करते रहना; जो समझ में न आए, वह शब्द गूगल पर सर्च करना। धीरे-धीरे अंग्रेजी पढ़ने लगोगे। इसमें ज्यादा टेंस सीखने, व्याकरण में दिमाग मत खपाना, सिर्फ पढ़ना व समझना।"

"चलो, छोड़ो, फिर क्या हुआ ?"

"मैंने उनकी विधि से देखा तो तीन फंड एक्सिस लॉन्ग टर्म इक्विटी फंड, रिलायंस टैक्स सेवर प्लान, एच.डी.एफ.सी. टैक्स सेवर फंड—ऐसे, जिनकी कुल परिसंचालक संपदा भी 5,000 करोड़ से ऊपर थी और उनका 5 साल से ऊपर का ट्रैक रिकॉर्ड भी था। पर महेश सर ने मना किया था—म्यूचुअल फंड को डायवर्सिफाई मत करना, केवल एक फंड में ही निवेश करना। इसलिए मैंने जब मेरी सालाना आय 3,15,000 थी, उस वर्ष 65,000 रुपए एक्सिस लॉन्ग टर्म इक्विटी फंड में डाल दिए। इससे मुझे 65,000 का 5 प्रतिशत आय कर 3,250 रुपए का फायदा तो हाथोहाथ ही हो गया, अर्थात् मुझे आय कर नहीं भरना पड़ा।

"अगले साल महेश सर ने बताया कि धारा 80C में अधिकतम 1,50,000 रुपए की छूट मिलती है। अगले साल मेरी आय 4,00,000 से ऊपर होने की संभावना थी, इसलिए महेश सर ने कहा, 'आप इसी फंड में 12,500 रुपए महीने की एस.आई.पी. भी कर दो', ताकि साल भर में 1,50,000 जमा हो जाएँगे, जिस पर 5 प्रतिशत आय कर 7,500 रुपए का आपको लाभ हो जाएगा।"

अगले दो-तीन साल तक मैं यह 12,500-12,500 का एस.आई.पी. चलाता रहा। जब मेरी आय 6,50,000 सालाना थी, तब तो इस 1,50,000 के निवेश पर मुझे 20 प्रतिशत अर्थात् 30,000 की इनकम टैक्स में छूट मिली और चार साल में मेरी फंड वैल्यू भी बढ़कर 10 लाख के करीब हो गई। (जिन पाठकों को विश्वास नहीं हो रहा, उनकी जानकारी के लिए बता दूँ कि पिछले चार सालों में इस फंड ने लगभग 21 प्रतिशत का रिटर्न दिया है। इसमें यदि 50 महीने की 12,500 की एस.आई.पी. होती, जिसमें 21 प्रतिशत रिटर्न

मिलता तो फंड वैल्यू 50 माह में 10 लाख के करीब हो जाती।)

अब महेश सर ने कहा, "अब्दुल, अब अल्लाह की दया से तुम शेयर बाजार में स्थापित हो चुके हो। तुम डिलिवरी बेस खरीदारी से लेकर ऑप्शन ट्रेडिंग तक कर रहे हो। अब तुम्हारा म्यूचुअल फंड पोर्टफोलियो भी 10 लाख से ऊपर हो गया है।

"अब तुम एक तो टैक्स सेवर फंड में सिर्फ टैक्स बचाने के लिए 1,50,000 सालाना निवेश मत करो। अब तुम्हारे पास शेयरों के खाते में पर्याप्त कैश भी रहता है, क्योंकि आय बढ़ रही है; पर तुम्हारी कैश मार्केट की, डे ट्रेडिंग की, ऑप्शन ट्रेडिंग का लॉट साइज अनुशासित तरीके से ही बढ़ रहा है (जिसके बारे में इस पुस्तक में पहले बताया जा चुका है कि लॉट साइज कैसे बढ़ रहा है)। इसलिए प्रतिमाह जो तुम 12,500 रुपए एस.आई.पी. में डालते हो, उसके स्थान पर पूरा अनुपयोगी कैश, जिसकी डे ट्रेडिंग मार्जिन, ऑप्शन खरीदारी, कैश खरीदारी में जरूरत नहीं हो, इसी म्यूचुअल फंड में डालते रहो तथा प्रत्येक माह की 1 तारीख को अपने म्यूचुअल फंड यूनिट्स की मार्केट वैल्यू चेक करो। जैसे अभी आपकी एक्सिस लॉन्ग टर्म इक्विटी फंड में सभी यूनिट्स की मार्केट वैल्यू चेक करके बताना जरा।"

"जी, यह 12,58,367.50 रुपए है।"

"तुम जितनी भी यूनिट 1 तारीख को हो, उसकी 1 प्रतिशत यूनिट्स प्रतिमाह बेचकर उससे जो राशि मिलेगी, वह 12,500 के लगभग अपने घरेलू कार्यों में उपयोग कर सकते हो।"

यह राशि भी प्रतिमाह बढ़ती ही रहेगी, जैसे अब्दुल के पास 1 अक्तूबर, 2017 को 3,23,987.7512 यूनिट्स थीं, जिनकी मार्केट वैल्यू 38.84 की एन.ए.वी. पर 12,58,367.50 रुपए थी। उसमें 1 प्रतिशत यूनिट अर्थात् 323.98 यूनिट्स बेचकर 12,583.38 रुपए कैश निकाल लिया। घर खर्च के लिए अब उसके पास पीछे 32,398.75–323.98= 32,074.77 यूनिट शेष रही। माह के अंतिम गुरुवार को 26 अक्तूबर को ऑप्शन सेटेलमेंट के बाद अब्दुल को लगा कि उसके पास 1,13,697 रुपए का अनुपयोगी कैश है। उसने उसे इसी

फंड में निवेश करके 39.15 की एन.ए.वी. पर 2,902.60 यूनिट्स नई खरीद लीं। अब उसके पास कुल 37,977.37 यूनिट्स हो गईं। 1 नवंबर, 2017 को 40.09 की एन.ए.वी. पर इनकी मार्केट वैल्यू 1,40,2242.76 रुपए थी। अब्दुल ने इस माह इसकी 1 प्रतिशत यूनिट बेचकर 14,022 रुपए घर खर्च के लिए निकाल लिये।

इस प्रकार अब्दुल को अब बढ़ते क्रम में नियमित टैक्स फ्री मासिक आय मिल रही है। कृपया ध्यान दें, इस आय पर उसे 1 रुपया भी आय कर नहीं देना है, क्योंकि जो यूनिट्स वह बेच रहा है, वे यूनिट्स चार-पाँच साल पहले खरीदी हुई यूनिट्स हैं। टैक्स सेवर प्लान में वैसे भी तीन साल से पहले यूनिट नहीं बेच सकते। तीन साल बाद जो भी यूनिट्स वह बेच रहा है, उनका मुनाफा लॉन्ग टर्म कैपिटल गैन्स में आता है, जो भारत के वर्ष 2017 के कर कानूनों के अनुसार कर-मुक्त है।

इस प्रकार अब्दुल की मासिक आय कर-मुक्त यूनिटें बेचने से बढ़ते-बढ़ते 50,000 रुपए से ऊपर हो गई, क्योंकि जब आप 1 प्रतिशत यूनिट्स बेचते हैं तो बची हुई 99 प्रतिशत यूनिट्स पर आपको मार्केट के अनुसार रिटर्न मिलता रहता है। टैक्स सेविंग फंड वैसे भी ज्यादा कुशलता से परफॉर्म करते हैं, क्योंकि उनमें निवेशक तीन साल से पहले राशि निकाल नहीं पाते, इसलिए फंड मैनेजर भी लॉन्ग टर्म निवेश कर पाते हैं।

इस अध्याय से हमने क्या सीखा ?

जब भी आपकी कर योग्य आय 2.50 लाख रुपए सालाना से ऊपर हो जाए, तब आप किसी टैक्स सेविंग फंड में प्रतिमाह की एस.आई.पी. कर दें तथा इस फंड की वैल्यू 10 लाख से ऊपर हो जाने पर प्रतिमाह 1 प्रतिशत यूनिट्स बेचकर आप घर खर्च के लिए रुपए निकालेंगे तो आपको बढ़ते क्रम में कर-मुक्त मासिक आय होने लगेगी।

□

उपसंहार

अब आपने पूरी पुस्तक पढ़ ली है। आशा है, मैं अपने उद्‍देश्य में सफल रहा। मैंने आपको शेयर बाजार के मेरे निवेश करने के सिद्धांत इस कहानी के माध्यम से सरल शब्दों में सीखा दिए हैं। इस पुस्तक को पढ़ने के बाद आप इसको अमेजन, फ्लिपकार्ट, पेटीएम, पोथी डॉट कॉम, प्रभात प्रकाशन, जहाँ से भी आपने यह पुस्तक खरीदी हो, उस वेबसाइट पर इसके बारे में रिव्यू देना मत भूलिएगा; क्योंकि आपके रिव्यू पढ़ने से मुझे एक नई ऊर्जा मिलती है, जिससे मैं पुस्तक लेखन के अपने श्रमसाध्य कार्य को पूरा कर सकता हूँ।

आपके नकारात्मक रिव्यू शीशे पर लगे पत्थर की तरह मेरे हृदय को छलनी कर देते हैं। इसलिए आपको पुस्तक के किसी भी बिंदु को समझने में परेशानी हो रही हो तो कृपया पुस्तक दोबारा पढ़ें या मुझे इ-मेल करें। जैसाकि आप जानते हैं, मेरे पास हजारों इ-मेल्स प्रतिदिन आ रहे हैं। मेरे लिए संभव नहीं है, सभी का जवाब देना; पर आप कोई गंभीर बात पूछेंगे, जो मुझे लगेगा कि बतानी आवश्यक है तो मैं ब्लॉग कमेंट व यू-ट्यूब पर कमेंट के जवाब ज्यादा प्राथमिकता से देता हूँ, क्योंकि वहाँ जवाब देने से सभी को फायदा होता है।

इसलिए संभव हो तो इ-मेल न करके ब्लॉग कमेंट या यू-ट्यूब कमेंट का उपयोग करें, ताकि आपको जवाब मिलने की संभावना ज्यादा रहे।

तो आप पुस्तक को रिव्यू जरूर करना। ये रहीं वे किताबें, जो मैं चाहता हूँ कि आप जरूर पढ़ें—

1. **शेयर मार्केट में सफल कैसे हों ?** : यह मेरी पहली पुस्तक है। यह सरल अंग्रेजी में भी उपलब्ध है। प्रभात प्रकाशन से हिंदी में प्रकाशित है।

2. **शेयर मार्केट में चंदू ने कैसे कमाया और चिंकी ने गँवाया :** मेरी दूसरी पुस्तक है। इसमें एक ही शेयर में बड़ा निवेश करना हो तो कैसे करें और शेयर बाजार में नुकसान को रोकने की कहानी बताई गई है। प्रभात प्रकाशन द्वारा प्रकाशित।
3. **जादू :** यह पुस्तक 'रान्डाबर्न' की लिखी हुई है। इससे आपको प्रार्थना का महत्त्व समझने में मदद रहेगी, जो आपके विकास के लिए आवश्यक शर्त है। यदि मैंने 'जादू' पुस्तक नहीं पढ़ी होती तो आज यह पुस्तक भी आपके हाथ में नहीं होती।
4. **बेबीलोन का सबसे अमीर आदमी :** यह पुस्तक पढ़ना आवश्यक है ही। इन सब पुस्तकों को अमेजन से, फ्लिपकार्ट से, पेटीएम से खरीदने के लिंक मेरे एप में जो my Book लिंक दिया है, उसमें भी दिया हुआ है।
5. **गीता ज्ञान से मन की सुप्त शक्तियों को जाग्रत् कैसे करें ? :** इसका लेखक मैं नहीं हूँ। वास्तव में मैंने एक बार गीता की पुस्तक से नोट्स बनाए थे, ताकि मैं अपने हिंदू धर्म को अच्छे से समझ सकूँ। वे नोट्स ही इस पुस्तक के रूप में हैं। ये अमेजन व पोथी डॉट कॉम पर है। मैंने इसके मूल्य को कम-से-कम रखा है, ताकि सभी इसका लाभ उठा सकें।

भगवान् से मेरी प्रार्थना है कि यह पुस्तक उनकी प्रेरणा व शक्ति से लिखी गई है, इसलिए वे सर्वशक्तिमान जगत् संचालक परमेश्वर आपको इस पुस्तक को समझने व इसके ज्ञान से धनवान् बनने में सहायता करें।

आप सभी का धन्यवाद! आपकी हौसलाअफजाई से ही मैं इस पुस्तक को पूरा कर सका।

सभी को मेरा नमन।

आपके रिव्यू की प्रतीक्षा में।

□□□